ullstein

Ein neuer Ansatz im Kundalini-Yoga: Die zentrale These dieses Buches ist, dass die Entwicklungsschritte, die bei den Übungen vollzogen werden, mit den Aufgaben der Seele identisch sind, die sie laut Yoga-Philosophie durchläuft. Jeder einzelne der 26 Rückenwirbel ist eine Station auf der Seelenreise in:

- 26 effektiven Übungsreihen aus dem Kundalini Yoga nach Yogi Bhajan
- Beschreibungen, ergänzt durch Videos zum Mitmachen auf der Website (www.seelenreise.blog)
- autobiografischen Kurzgeschichten

SATYA SINGH KHALSA, geboren 1949 in Haarlem, Niederlande, ist Diplom-Soziologe, Berufsastrologe und war Schüler von Yogi Bhajan. Seit 1977 ist er Yogalehrer und mittlerweile als Ausbilder und Koordinator der Kundalini Yogalehrer*innen-Ausbildung im Yogazentrum Hoheluft (Hamburg) aktiv.

Von Satya Singh ist in unserem Hause außerdem erschienen:

Das Kundalini Yoga Handbuch

SATYA SINGH

Kundalini Yoga

als Seelenreise

Das Praxisbuch
zur Psychosomatik
der Wirbelsäule

Mit Übungen und
Erfahrungsberichten

Ullstein

Besuchen Sie uns im Internet:
www.ullstein.de

Wir verpflichten uns zu Nachhaltigkeit

- Klimaneutrales Produkt
- Papiere aus nachhaltiger Waldwirtschaft und anderen kontrollierten Quellen
- ullstein.de/nachhaltigkeit

MIX
Papier
FSC FSC® C083411

Ungekürzte Ausgabe im Ullstein Taschenbuch
1. Auflage Dezember 2021

Umschlaggestaltung: zero-media.net, München
Titelabbildung: © FinePic®, München
Innenillustrationen: © anja-escherich.de
Fotos: © Nina Stiller
Satz: Pinkuin Satz und Datentechnik, Berlin
Gesetzt aus der Minion Pro
Druck und Bindearbeiten: CPI books GmbH, Leck
ISBN 978-3-548-06526-7

Wirbel bezeichnet unter anderem
[…]
großes Aufsehen; Aufregung,
die um jemanden, etwas entsteht,
[…]
einzelne, mit mehreren Fortsätzen versehene
runde, das Rückenmark umschließende
Knochen der Wirbelsäule
[…]

Quelle: Duden

Inhalt

Vorwort

1975 begann ich mit Kundalini Yoga in der Tradition Yogi Bhajans. Seitdem habe ich es 44 Jahre intensiv praktiziert.

Aber ich habe nie ein unerträglich helles Feuer im Bauch gespürt, das sich zum Becken ausdehnte, um dort einen inneren Vulkan zu aktivieren, der im Laufe der Tage immer mächtiger wurde, bis sein Feuer den Scheitelpunkt erreichte, worauf dann kühler, göttlicher Nektar nach unten tropfte, der meinen Körper, meinen Geist und meine Seele komplett verwandelt hat.

Bedeutet das, dass ich keine Kundalini-Erweckung erlebt habe?

Ich behaupte: ja, doch!

Ich spüre sie indirekt Tag für Tag durch die allumfassende Transformation meines Lebens, die sie ermöglicht. Und ich weiß, dass 99 Prozent der Kundalini-Yogis die gleiche Erfahrung machen.

Dieses Buch ist entstanden, um die »Slow Kundalini«, die ebenfalls die Wirbelsäule hochsteigt, aber statt drei Tage gerne auch drei Jahre oder drei Dekaden oder drei Leben dafür braucht, zu entfalten, zu begleiten und zu würdigen. Während dieses Prozesses verweilt sie lange und geduldig in jedem Wirbel, wobei sie dessen Themen genießt und bearbeitet.

Sat Nam,

Satya Singh

18.04.2019
Hamburg, Deutschland,
Bacalar, Mexiko,
Pathanjalipuri, Indien

Einführung

Die Seelenreise

Die Seelenreise ist die langsame, durch die Kundalini geführte Reise unserer Seele durch die Wirbelsäule hindurch. Diese Reise entsteht aus unserem Bedürfnis heraus, eine tief sitzende Spannung in uns aufzulösen, die uns daran hindert, vollkommen glücklich zu sein.

Diese Spannung manifestiert sich in allen unseren Handlungen und Gedanken, in dem Getrenntsein, das wir einander gegenüber empfinden, und vielleicht am deutlichsten in der Spannung zwischen Körper und Geist. Sie hat ihre Wurzeln in der Abspaltung unserer Seele vom göttlichen All-Bewusstsein.

Diese Abspaltung verfolgt das Ziel, das Verlangen des göttlichen Bewusstseins nach Erfahrung, Wachstum und Erkenntnis zu befriedigen. Dafür wurden wir in einem Prozess von 26 Schritten als individuelle Seelen isoliert.

Gleichzeitig wurden wir dabei mit den Eigenschaften[1] ausgestattet, die uns die Seelenreise ermöglichen, die Rückreise der Seele zur Einheit mit dem All-Bewusstsein.

Diese Eigenschaften, die in bestem Zustand sein müssen, um die Seelenreise zu vollenden, haben wir aber, so wie es nicht anders zu erwarten war, am Anfang der Reise aus Unwissenheit verletzt, beschmutzt oder blockiert – und jetzt ist es unsere Aufgabe, sie mit allmählich zunehmender Weisheit zu reinigen, zu heilen und zu befreien.

Die 26 Eigenschaften des Menschen	Die Aufgaben
1: Seele Teil des All-Bewusstseins, über Raum und Zeit erhaben, vollkommenes Glücklichsein, Gott in uns.	Die Beschränkung des Bewusstseins in uns aufzulösen.
2: Wille Die drei göttlichen Impulse »HARI« (erzeugend), »HARE« (aufbauend), »HAR« (wegräumend).	Bewusst und geduldig mit unseren Bedürfnissen umzugehen.
3: Geist Die bewussten, unterbewussten und unbewussten Abläufe, die unser Leben bestimmen.	Unseren Geist von irrationalen Ängsten und falschen Glaubensvorstellungen zu reinigen.
4: Intelligenz Die Gedanken, die unser Leben und das von anderen steuern und planen.	Bewusste Kommunikation und positives Denken zu lernen.
5: Ego Die Identifikation mit »das ist meins«, »das bin ich«.	Unsere Verantwortung über die Grenzen des eigenen Selbst hinaus zu erweitern.
6: Wahrnehmung Das innere kreative Bild der äußeren Wirklichkeit.	Vorurteile und Diskriminierungen zu überwinden.
7, 8, 9, 10, 11: Ätherischer Klang / ätherische Berührung / ätherische Form / ätherischer Geschmack / ätherischer Geruch Die Erfahrung der feinstofflichen Ebenen, in denen wir zwischen Tod und Wiedergeburt zu Hause sind.	Sich der Reise zwischen Tod und Geburt bewusst zu werden.
12, 13, 14, 15, 16: Erde / Wasser / Luft / Feuer / Äther Die materiellen und psychischen Bedingungen der vollständigen Verkörperung.	Die Gesetze der Natur und des Karmas[2] zu berücksichtigen, die Erde zu schützen.

17, 18, 19, 20, 21, 22, 23, 24, 25, 26: Sehen / Hören / Riechen / Schmecken / Tasten – Mund / Hände / Füße / Sexualorgan / Anus Die 10 Schnittstellen, die in unserem System von außen nach innen (Wahrnehmung) führen und von innen nach außen (Handlung).	Verantwortungsvoll mit dem umzugehen, was wir aufnehmen und abgeben.

Wenn wir diese 26 Aufgaben erledigt haben, erreichen wir das Ziel unserer Seelenreise, lösen unsere Spannung endgültig auf und kommen beim Wieder-eins-Werden mit dem All-Bewusstsein nicht mit leeren Händen an, sondern bringen unseren ganzen Schatz an Geschichten und Schönheit mit.

Folgende Allegorie kann uns die Vorstellung der Seelenreise vielleicht nahebringen:

Gott überlegte, wie er seine Langeweile überwinden könnte.

Daraufhin fing er an zu tanzen. Sein Tanz war so ekstatisch, dass er dabei Teilchen seiner Substanz verlor – unendlich viele kleine göttliche Seelen spritzten wie Schweißtropfen von ihm ab. Schließlich hörte er auf zu tanzen und blieb im Kreis dieser Seelen stehen.

Er sagte: »Meine Kinder, ich bitte euch, auf eine wunderbare Reise zu mir zu gehen. Ich werde euch für diese Reise mit allem ausstatten, was ihr an Eigenschaften braucht. Während dieser Reise werdet ihr unendlich viele verschiedene wunderbare Erfahrungen machen. Und wenn ihr wieder zurückkommt, werden wir alle wunschlos glücklich sein.«

Die kleinen Seelen waren nicht gerade begeistert, als sie entdeckten, dass sie bis zum Ende dieser Reise getrennt von Gott auf sich selbst gestellt sein würden. »Wir brauchen nicht auf die Reise zu dir zu gehen«, sagten sie. »Wir sind schon bei dir. Und wir wollen bei dir bleiben! Hier gefällt es uns am besten.«

Selbst als Gott versprach, sie keinen Moment aus den Augen zu lassen, wollten sie sich nicht fügen.

Schließlich versprach Gott: »Jeder von euch kriegt eine Locke aus meinem Haar mit auf den Weg. Solange ihr diese Locke nicht braucht, liegt sie verschlungen in euch und ruht. Wenn ihr sie aufweckt, führt sie euch aber jederzeit zu mir zurück.«

Die Seelen nannten die Locke »Kundalini«, was »die Locke im Haar des Geliebten« bedeutet. Immer etwas Göttliches dabeizuhaben gab ihnen Vertrauen, und sie stimmten jetzt zu, die Seelenreise anzutreten.

Darauf begann Gott, das Mantra ONG zu singen. Die Seelen hörten wie verzaubert zu. Das Mantra entfaltete 26 schöpferische Eigenschaften in ihnen und um sie herum: Wille, Geist, Intelligenz und schließlich Körper und Elemente. Als Letztes legte Gott, so wie er es versprochen hatte, seine Kundalini in dreieinhalb Windungen um das unterste Chakra der Seelen, die jetzt Menschen geworden waren.

Als Menschen konnten sie Gottes Anwesenheit nicht mehr spüren. Dadurch fühlten sie sich unglücklich und machten sich sofort auf den Weg zu Gott, um zurück in den Zustand des vollkommenen Glücks zu gelangen. Sie hatten aber leider die in ihren Körpern schlafende Kundalini vergessen, und ohne ihre Führung wussten die Menschen nicht, wie sie ihre neuen Eigenschaften richtig anwenden sollten. Sie verstrickten sich in Nebensachen, Egoismus, Karma und unreine Handlungen.

Erst nach endlos vielen Umwegen erinnerten sich die Menschen an die Kundalini am Anfang ihrer Wirbelsäule, und sie begannen, sie allmählich die Wirbelsäule hochzubringen. Jetzt fing die Seelenreise an.

Die Navigation der Reise

Bezeichnenderweise hat sich die Kundalini als Schlafplatz nicht die Fußsohlen – vielleicht die demütigste Stelle des Körpers – oder den Nabel – möglicherweise die mächtigste Stelle – ausgesucht, sondern den Platz knapp vor dem Steißbein am Anfang der Wirbelsäule. Damit hat sie Weg und Richtung ihrer Entwicklung vorgegeben, wie es auch die Praxis der Kundalini-Erweckung bestätigt: Die Kundalini-Energie bewegt sich, wenn sie geweckt wird, die Wirbelsäule hoch.

Und so wie die vollständige menschliche Verkörperung 26 Eigenschaften brauchte, so besteht auch die durch die Kundalini geführte Seelenreise zurück zur vollkommenen Einheit aus 26 Schritten. Fortgeschrittene Yogis wissen, dass es üblich ist, Kundalini-Yogaübungen wie zum Beispiel Frösche, Krähe und andere 26-mal zu machen. Jede Bewegung steht symbolisch für einen Schritt zurück zum göttlichen Bewusstsein.

Da kann es kein Zufall sein, dass die Wirbelsäule aus 26 Wirbeln besteht. Jeder Wirbel ist eine Station der Kundalini-Reise, und bei jeder dieser Stationen müssen wichtige Aufgaben gelöst werden, um weiterreisen zu können und schließlich unseren kostbaren Schatz an Lebenserfahrung zum All-Bewusstsein beizutragen.

Deshalb ist es für die Navigation unserer Seelenreise wichtig, die psychosomatische und spirituelle Bedeutung der Wirbel besser kennenzulernen.

Die Wirbel von unten nach oben

Anatomische Bezeichnung	Eigenschaften	Psychosomatische Ausrichtung	Wird im Buch gezählt als
Steißbein	Der kleine, innere Schwanz, hält den Beckenboden	Anfang	1
Kreuzbein	Kontakt zu Becken und Beinen	Kraft	2
5 Lendenwirbel L5, L4, L3, L2, L1	Beweglich, tragend, massiv	Gleichgewicht, die Körpermitte	3, 4, 5, 6, 7,
12 Brustwirbel Th12, Th11, Th10, Th9, Th8, Th7, Th6, Th5, Th4, Th3, Th2, Th1	Verbindung zu Rippen, Herz und Atem, etwas steif	Vitalität, Liebe, Schutz, Öffnen und/oder Verschließen des Herzens, Rhythmus, Wachstum, Atmen, Verlangen	8, 9, 10, 11, 12, 13, 14, 15, 16, 17, 18, 19

Anatomische Bezeichnung	Eigenschaften	Psychosomatische Ausrichtung	Wird im Buch gezählt als
7 Halswirbel C7, C6, C5, C4, C3, Axis (C2), Atlas (C1)	Verbindung zum Kopf, vielseitig bewegbar, verletzlich	Singen, Austausch, Sprechen, Verstand, Entspannen, das Höchste, Sterblichkeit	20, 21, 22, 23, 24, 25, 26

Die Nervenverbindungen der Wirbel

Zwischen den Wirbeln treten die Nerven des sympathischen Nervensystems aus.

Sie bündeln sich in den vorgelagerten Nervenknoten und übertragen die Impulse des Gehirns an die Muskeln sowie Organe und umgekehrt.

Außerdem gibt es zahllose querverbindende Nerven zwischen Wirbeln, Knochen, Organen, Muskeln und Hautabschnitten – als ob jeder Wirbel einen eigenen kleinen Körper und ein eigenes Gehirn hätte.

Die Wirbel und die Chakras

Die Chakras, übersetzt »Räder«, sind besonders wichtig für das psychosomatische Verständnis der Wirbel, weil sie als feinstoffliche, sich drehende Gebilde die Verbindung zwischen der Wirbelsäule und psychischen Strukturen herstellen.

Sie sind zwar anatomisch (noch) nicht auffindbar, aber fast jeder von uns kennt subjektive Wahrnehmungen, die mit ihnen zu tun haben, wie beispielsweise

- Schmerzen in der Brustmitte, wenn eine Beziehung zerbricht und das Herz-Chakra verletzt ist,
- oder ein Ziehen zwischen den Beinen, wenn bei Angst das erste Chakra, das mit dem Thema Sicherheit verbunden ist, unter Druck gerät.

Die sieben Haupt-Chakras

Name	Die »Pforte«, durch die das Chakra die Haut durchdringt	Wirbel und Organe, die mit dem Chakra verbunden sind	Psychische Muster, die mit dem Chakra zusammenhängen
Wurzel-Chakra	Perineum, auch der Damm: Region zwischen After und den äußeren Geschlechtsorganen	Steißbein, Beckenboden, Beine	Sicherheit, Grenzen wahren, Erdung, Selbstdisziplin, Umgang mit Geld und Besitz
Sexual-Chakra	Mitte des Schambeins	Kreuzbein, L5, L4, L3, Unterleibsorgane	Lust, Kreativität, Fantasie, sexueller Ausdruck, Lebenslust, gerne Bewegung und Tanz

Name	Die »Pforte«, durch die das Chakra die Haut durchdringt	Wirbel und Organe, die mit dem Chakra verbunden sind	Psychische Muster, die mit dem Chakra zusammenhängen
Nabel-Chakra	3 bis 5 cm unter dem Nabel	L2, L1, Th12, Organe im oberen Bauchraum	Macht, Wut, Ausdauer, Disziplin, Klarheit, gut in seiner Mitte sein
Herz-Chakra	Mitte des Brustbeins	Th11, Th10, Th9, Th8, Th7, Th6, Brustkorb, Herz, Lunge, Thymusdrüse	Wertschätzung, Harmonie, Kompromiss, lieben und geliebt werden
Kehl-Chakra	Im Hals unter dem Kehlkopf	Th5, Th4, Th3, Th2, Th1, C7, C6, C5, Schilddrüse, Speiseröhre, Luftröhre, Ohren	Sprechen, zuhören, gerne Gesang, verstehen und verstanden werden
Stirn-Chakra	Zwischen den Augenbrauen	C4, C3, C2, Gesicht, Augen, Nase, Mund, Hirnanhangsdrüse	Intuition, klare Entscheidungen treffen, einen guten Weg finden
Kronen-Chakra	Am Scheitelpunkt	C1, Gehirn, Zirbeldrüse	Sinnfindung, ein großes Bewusstsein haben, Erfahrung der Einheit mit »Allem-was-Ist«

Die untersten fünf Chakras entsprechen den fünf Elementen Erde, Wasser, Feuer, Luft und Äther[3]. Die Abbildungen zu den Kriyas (die Haupt-Übungen) in diesem Buch haben jeweils als Hintergrund die entsprechende Atmosphäre, um die Beziehung zu den Chakras sichtbar zu machen:

Wurzel-Chakra (Erde) – der Strand; Sexual-Chakra (Wasser) – das Meer; Nabel-Chakra (Feuer) – die Sonne; Herz-Chakra (Luft) – die atmenden Pflanzen; Kehl-Chakra (Äther) – die Nacht.

Die Wirbel und die Padas

Das Sanskrit-Wort Pada bedeutet »Schritt«. Der Begriff wird in der Philosophie des Kundalini Yogas für die fünf Entwicklungsschritte gebraucht, die es in jedem Prozess gibt. Es ist eine hilfreiche Einteilung, um das Fortschreiten der Seelenreise durch die 26 Wirbel zu beschreiben.

Entwicklungsstufe und dazugehörige Wirbel	Ja, mache es …	Sei aber vorsichtig, weil …
1. »Sharam Pad«: die romantische Zeit eines Neubeginns. Phase des Anfängers. Steißbein, Kreuzbein.	Fang was Neues an. Es ist aufregend. Du bist verliebt, verzaubert. Es ist die Zeit der Hochzeitsreise. Das Leben ist auf eine neue Weise sinnvoll und befriedigend.	Du hast noch keine Wurzeln. Probiere erst mal aus. Wenn dir ein anderes Übungssystem begegnet, wechsle nicht, sondern gehe in die Tiefe mit dem, was du bereits machst.
2. »Karam Pad«: die Konfrontation mit schlechten Gewohnheiten und falschen Glaubensvorstellungen. Phase des Lehrlings. L5, L4, L3.	Durch deine Übungen hast du jetzt mehr Kraft als früher. Du kannst mehr tragen und dementsprechend wirst du in kurzer Zeit mit mehr Karmas, also mehr Lernprozessen, konfrontiert.	Es ist schwer zu verstehen, dass du trotz deiner Übungen und der Verbesserung deines Lebensstils noch so viele Probleme hast. Gib nicht auf, es wird noch richtig gut.

Entwicklungsstufe und dazugehörige Wirbel	Ja, mache es …	Sei aber vorsichtig, weil …
3. »Shakti Pad«: die Prüfung deines Egos. Phase des Fortgeschrittenen. L2, L1, Th12, Th11, Th10, Th9, Th8, Th7.	Jetzt geht es dir gut. Du hast viel Kraft und bist beliebt. In dieser Phase findet aber eine wichtige Prüfung statt: Bleibst du ein kleiner Frosch in einem kleinen Teich, oder schwimmst du in den großen Ozean hinaus?	Du könntest hier in der Sackgasse deines Egos stecken bleiben. Halte Kontakt mit deinen Lehrern und mit der Gemeinschaft der Yogis, damit du noch 10-mal größer wachsen kannst.
4. »Sahej Pad«: die Komfortzone. Phase des Beraters oder Sachverständigen. Th6, Th5, Th4, Th3, Th2, Th1, C7, C6.	Du hast dein Ego überwunden, damit ist aber viel Feuer verloren gegangen. Obwohl du beinahe am Ziel bist, ist es schwer, die Motivation für den entscheidenden Sprung aufzubringen. Lass deine Komfortzone hinter dir.	Das Universum wird dir etwas schicken, um dich herauszufordern – eine neue Verantwortung, ein Karma-Yoga-Projekt, vielleicht auch einen Schicksalsschlag oder sogar eine Krankheit. Raff dich auf, mach weiter.
5. »Sat Pad«: authentisch den Weg gehen. Phase des Meisters. C5, C4, C3, Axis, Atlas.	Jetzt kann es richtig losgehen. Du hast dein Ego gemeistert. Ohne Stress und voller Freude arbeitest du an deiner Vision eines neuen Zeitalters. Als Orientierung dienen die universellen Werte, die aus deiner Seele kommen.	Es ist große Weisheit nötig, um in dieser wunderbaren Phase zu bleiben. Du weißt, dass du am Ziel bist, wenn du aus der Perspektive der Liebe arbeitest und dabei in die Gemeinschaft integriert bleibst.

Reisegepäck für 1040 Tage

Die Minimumzeit der Seelenreise lässt sich exakt bestimmen. Die Zahl der Aufgaben, die gemeistert werden müssen, wird durch die Zahl der Wirbel[4] bestimmt, also 26. Jedem Wirbel ist eine Kriya zugeordnet. Eine Kriya ist eine uns von Yogi Bhajan überlieferte konkrete und präzise Übung oder Übungsabfolge. Damit eine Kriya eine bleibende Wirkung hat, sollte sie 40 Tage lang (am besten, ohne einen Tag auszulassen) ausgeführt werden. Die Empfehlung für die Seelenreise ist, mit der Kriya des 1. Wirbels anzufangen und diese 40 Tage lang zu machen. Danach 40 Tage die Kriya von Wirbel 2 praktizieren usw. Das ergibt für die Seelenreise: 26 mal 40 = 1040 Tage, das sind knapp drei Jahre.

Aber natürlich kannst du innerhalb der Reise springen und experimentieren. Du kannst sogar die Reise auf mehrere Leben verteilen …

Bereite dich trotzdem zuerst einmal auf eine Expedition von drei Jahren vor und nimm dazu die Ausrüstung mit, die ich im Folgenden beschreibe.

2 Atemformen

Schau dir bitte folgende Tabelle an, in der die durchschnittliche Lebensdauer und Atemfrequenz von Tieren verglichen werden[5]. Die Angaben sind ungefähr und können variieren.

Tier	Atemzüge / Min.	Lebensdauer (Jahre)
Riesenschildkröte	4	ca. 150
Wal	6	ca. 111
Elefant	4 bis 5	ca. 60 bis 70
Pferd	8 bis 15	ca. 25 bis 30

Tier	Atemzüge / Min.	Lebensdauer (Jahre)
Schimpanse	14	ca. 30 bis 50
Affe	32	ca. 18 bis 23
Hunde	20 bis 30	ca. 10 bis 20

Offensichtlich haben Tiere, die langsamer atmen, eine höhere Lebensdauer. Das entspricht der Vorstellung des Yoga: »Je langsamer du atmest, desto länger lebst du.« Der Atemrhythmus ist ein wichtiger Taktgeber des Körpers – und mit einem langen, tiefen Atem läuft dein Tag bewusster, entspannter, gesünder und genussvoller ab.

Langer, tiefer Atem

Der lange, tiefe Atem ist die Standard-Atmung im Kundalini Yoga. So wird sie ausgeführt:

Bei der Einatmung
- wird die Bauchdecke vorgewölbt,
- danach weiten sich die Rippen.
- Schließlich ziehen sich die sogenannten Hilfsatemmuskeln, die Schlüsselbeine, das Brustbein und die oberen Rippen, noch etwas hoch und vor.

Bei der Ausatmung
- lässt man erst die Hilfsatemmuskeln los,
- dann senken sich die Rippen.
- Schließlich wird die Bauchdecke wieder eingezogen.

Du wirst in den Kriyas genügend Gelegenheit haben, das lange, tiefe Atmen zu üben.

Ich habe noch einen Vorschlag: In den kommenden 1040 Tagen mache einmal pro Woche einen Atem-Tag. Das bedeutet, dass du an diesem Tag zusätzlich zu deinen Übungen der Seelenreise wenigstens 26 lange, tiefe, bewusste Atemzüge machst. Du kannst diese besonderen Atemzüge alle hintereinander machen, aber sie wirken optimal, wenn du sie über den Tag verteilst. Das wird deinen Atemrhythmus für den ganzen Tag verlangsamen und deinen Stresspegel senken.

Feueratem

Es gibt noch eine Atmung, die häufig im Kundalini Yoga eingesetzt wird: der Feueratem.

Dazu eine kleine Anekdote vorab.

Wir winkten, als sie aus dem Hafen von Amsterdam raussegelte: Die kleine Arche Noah mit vier Leuten an Bord, die sich auf der Flucht vor dem vermeintlich drohenden Atomkrieg der 1980er-Jahre einen Schoner gebaut hatten. Erst viele Jahre später begegnete ich meiner Yogaschülerin, die auf diesem Schiff mitgefahren war, wieder, und sie erzählte, was passiert war. Sie hatten einigermaßen problemlos die Küste von Belgien und Frankreich passiert.

Aber im Golf von Biskaya, der schon zu der Zeit, als alle Schiffe Segelschiffe waren, den Ruf hatte, gefährlich zu sein, gerieten sie in einen Sturm, der elf Tage und Nächte dauerte – das bedeutete elf Tage ständiges Aufpassen auf Ruder und Segel, kaum Essen und Schlafen. Sie sagte, sie hat es nur ausgehalten, weil sie immer wieder Feueratem gemacht hatte …

Natürlich ist der Feueratem nicht nur in solchen extremen Situationen eine Hilfe. Er ist immer gut, wenn du Durchhaltefähigkeit und Energie brauchst. Ungefähr 20 Prozent der Übungen im Kundalini Yoga werden mit Feueratem kombiniert, und er ist ein Werkzeug, das wir bestimmt auf unserer Seelenreise brauchen werden.

Der Feueratem ist ein reiner Bauchatem und wird folgendermaßen ausgeführt:

Beim Einatmen wölbst du die Bauchdecke schnell (aktiv) nach außen, beim Ausatmen ziehst du sie wieder ein.

Der ideale Feueratem ist schnell, bis zu zweimal pro Sekunde und relativ oberflächlich (so was wie eine mittlere Stärke, nicht maximal ein und aus). Natürlich kannst du ihn am Anfang langsamer ausführen, und der Bewegungsspielraum des Nabels (da liegt der

Schwerpunkt der Bewegung) bleibt dabei relativ klein. Setze dich auf keinen Fall unter Druck.

10 Übungen zur Vorbereitung

Die folgenden Asanas (Haltungen) und Bewegungen sind universelle Instrumente in deiner Werkzeugkiste. Sie haben alle ein besonders breites Wirkungsspektrum. Jeweils drei davon werden auf unserer Reise in immer wieder anderen Kombinationen gebraucht, um die Kriyas (das sind die uns von Yogi Bhajan überlieferten präzisen Übungen, die die 26 Schritte der Reise tragen) vorzubereiten und deren Wirkung zu unterstützen. Regeln fürs Üben:

- Sorge für eine gute, weiche Unterlage, beispielsweise ein Schaffell, einen Teppich oder eine Matte.
- Trinke genügend Wasser, um die innere Reinigung des Körpers zu unterstützen.
- Übe mit leerem Magen (2 bis 3 Stunden vorher nichts essen).
- Beachte deine Grenzen.
- Wenn du aus gesundheitlichen Gründen eine Übung nicht machen kannst, dann versuche, die Übung so abzuwandeln, dass du sie im Rahmen deiner Möglichkeiten ausführen kannst.
- Lege nach den drei Aufwärmübungen eine kleine Entspannungspause (1 bis 3 Min.) in der Rückenlage ein, bevor du mit der Kriya beginnst. Du kannst gerne auch nach der Kriya eine Entspannungspause machen.

Krähe

Im Stand: Die Füße stehen beckenbreit auseinander und sind etwas nach außen gedreht. Die Arme sind parallel zueinander nach vorne ausgestreckt. Versuche, die Schultern dabei entspannt zu halten.

Atme ein in dieser Haltung.
Atme aus und komme so tief wie möglich in die Hocke.
Wenn du Knieprobleme hast, gehe mit deinen Hüften nicht tiefer als Kniehöhe.
Versuche, die Fußsohlen flach auf dem Boden zu halten. Falls die Fersen es nicht bis unten schaffen, lege eine gefaltete Decke darunter.
Wiederhole die Übung 26-mal.

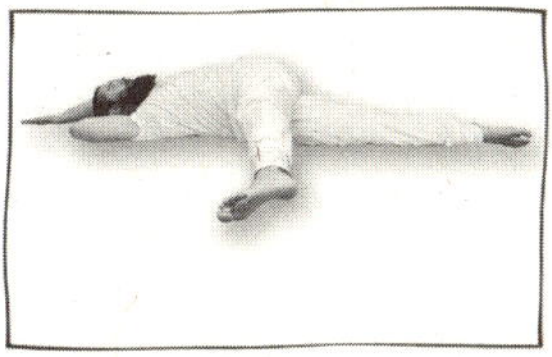

Tantrik-Sudra-Siddhi

In der Rückenlage: Lege deine rechte Hand unter deinen Nacken und strecke deinen linken Arm nach hinten auf den Boden.
Hebe dein linkes Bein mit gestrecktem Fuß vertikal hoch und kippe das Bein möglichst gestreckt (wenn nötig, kannst du dabei das Knie beugen) nach rechts, während du die Schultern auf dem Boden hältst.
Halte die Position, während du langsam bis 26 zählst, dann komm zurück in die Rückenlage und entspanne 26 Sekunden.
Wechsle die Seiten und lege deine linke Hand in den Nacken, während du deinen rechten Arm nach hinten gestreckt hältst.
Strecke dein rechtes Bein hoch und kippe es nach links.
Halte die Position, während du langsam bis 26 zählst, dann entspanne 26 Sekunden in der Rückenlage.

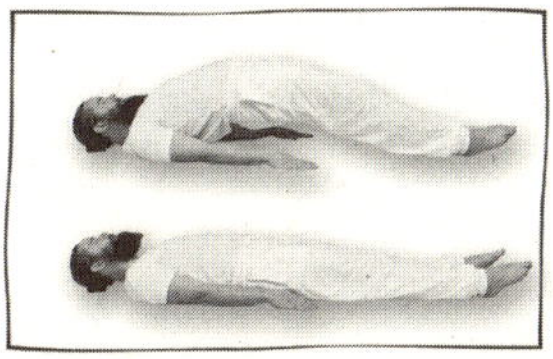

Becken-Hüpfen

In der Rückenlage: Die Arme liegen neben dem Körper mit den Handflächen auf dem Boden.
Atme ein, während du dein Gesäß vom Boden hebst.
Atme aus, während du es wieder absenkst.

Lass deinen Atem von selbst tiefer werden; er wird fast so schnell wie Feueratem.
Wiederhole diese Übung in schnellem Tempo 26-mal.

Heuschrecke

In der Bauchlage: Lege dein Kinn auf den Boden. Bringe deine Fäuste unter deine Leiste. Dabei sollten die Fäuste flach sein, also die Daumen nicht über den Fingern, sondern daneben liegen. Sollte das unangenehm sein oder wehtun, dann lege die Hände flach unter die Leiste.
Hebe deine Beine samt Knien gestreckt hoch, die Fersen liegen aneinander.
Halte diese Position. Mache Feueratem.
Zeitdauer: 1–2 Minuten.

Beinheben

In der Rückenlage: Die Arme liegen entspannt neben dir mit den Handflächen nach oben.
Atme ein, während du dein linkes Bein vertikal hochhebst; das Knie sollte möglichst weit gestreckt sein, der Fuß angewinkelt.
Atme aus, während du dein linkes Bein senkst.
Atme ein, während du dein rechtes Bein hebst.
Atme aus, während du dein rechtes Bein senkst.
Es gibt für diese Übung zwei mögliche Anpassungen, falls notwendig:
1. Lege die Hände unter dein Gesäß. Dadurch ändert sich der Winkel des Beckens, und die Übung wird für Lendenwirbelsäule und Bauchmuskeln leichter.

2. Beuge eventuell während der Bewegung deine Knie etwas – dadurch wird die Übung ebenfalls leichter.
Wiederhole die Übung 26-mal.

Winkel-Rudern

Im Langsitz: Strecke die Beine beckenbreit vor.
Atme ein und lehne dich ungefähr 60 Grad nach hinten, die Ellbogen etwas gebeugt und nach hinten gezogen, als ob du ein Boot ruderst, die Hände zu Fäusten geformt.
Atme aus und bewege deinen Oberkörper mit möglichst geradem Rücken so weit wie möglich nach vorne und berühre die Zehen oder die Unterschenkel mit deinen Händen.
Wiederhole die Übung 26-mal.

Katze-Kuh

Im Vierfüßlerstand: Auf Händen und Knien; die Hände stehen schulterbreit, deine Knie beckenbreit auseinander.
Um das Gewicht auf die Handgelenke besser zu verteilen, spreize die Finger und verlagere einen Teil des Gewichts auf Fingerballen und Finger.
Atme ein, bringe deinen Kopf hoch und deine Brustwirbelsäule herunter in Kuh-Haltung.
Atme aus, bringe den Kopf runter und deine Brustwirbelsäule hoch in einen Katzenbuckel. Lege den Schwerpunkt der Bewegung so gut es geht auf die Brustwirbelsäule.
Wiederhole diese Übung 26-mal.

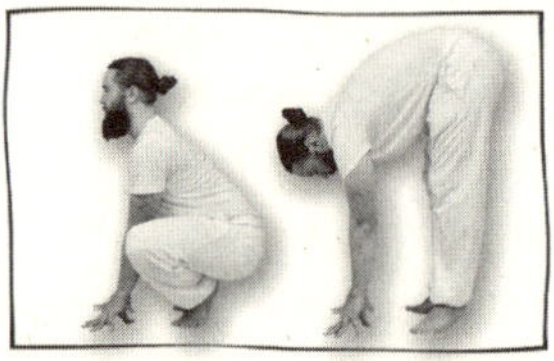

Frösche

Aus dem Stand: Komm in die Hocke. Die Fersen sind nicht am Boden. Die Hände berühren mit den Fingerspitzen den Boden, die Finger sind gespreizt. Es sollte ein kleiner Apfel unter deine Handflächen passen können. Die Knie sind außerhalb der Arme gespreizt.
Atme ein, strecke die Beine, bringe den Po hoch und den Kopf nach unten. Die Fersen sollen auch beim Strecken der Beine etwas angehoben bleiben. Strecke die Beine nur zu ungefähr 95 Prozent, um die Kniegelenke zu schonen.
Atme aus, beuge wieder die Knie und bringe den Kopf hoch.
Wiederhole diese Übung 26-mal.
Bedenke dabei: Wenn du gut atmest, kannst du nicht müde werden.

Dreieckshaltung

Aus der Kuh-Haltung (auf Händen und Knien, siehe Seite 29 Übung Katze-Kuh): Drücke deinen Po hoch und strecke ihn nach hinten, bis die gestreckten Arme und die Wirbelsäule eine möglichst gerade Linie bilden.
Versuche, die Rückseiten der Beine zu strecken und strecke die Fersen Richtung Boden. Strecke so gut wie möglich. Mach dir keine Sorgen, wenn du die Fersen nicht perfekt auf den Boden kriegst oder den Rücken nicht in eine gerade Linie. Dehne dich, so gut du kannst, in dem Bewusstsein, dass jeder Körpertyp andere Voraussetzungen mit sich bringt.
Zeitdauer: 26 Atemzüge.

Windmühle

Im Stand: Stelle deine Füße andert- halbmal so weit, wie deine Schultern breit sind, auseinander. Strecke deine Arme horizontal von den Schultern aus zur Seite. Halte dabei die Delta- muskeln, die sich über den Schultern befinden, entspannt.

Während du die Arme in einer geraden Linie hältst, bringe deine linke Hand zum rechten Fuß; schaue dabei auf die obere Hand. Komme dann wieder hoch in die Ausgangsposition. Dann bringe deine rechte Hand zum linken Fuß; schaue dabei wieder auf die obere Hand.
Fahre damit 26-mal immer abwechselnd links und rechts fort. Entspanne danach in der Rückenlage.

13 Mantras

Über Mantra-Meditation gibt es folgendes Märchen.

Die Stimme der Alten scheint von weit her zu kommen. »Bei der Macht, die mir gegeben wurde«, erklärt sie, »sprich einen Wunsch aus und er wird dir erfüllt werden.« Womit hat der arme Bauer das verdient?

Gerade war er noch müde von der Arbeit auf dem Rückweg gewesen und hatte sie auf dem Sandweg eingeholt: eine alte Frau in einem staubigen schwarzen Kleid, gebückt unter einem riesigen Bündel Feuerholz. Genau in dem Moment, als er an ihr vorbeigehen wollte, riss die Kordel, die das Holz zusammenhielt, und eine Flut von Ästen purzelte vor seine Füße. Trotz seiner Müdigkeit hatte er sich entschieden, ihr zu helfen, alles wieder einzusammeln. Er machte einen neuen Knoten in die Schnur, und schließlich trug er sogar das Bündel auf seinem Rücken zu ihr nach Hause.

»Ich wünsche mir als treuen Diener einen Dschinn«, sagt er jetzt, »der all meine Wünsche erfüllen kann.« Sie schaut ihn skeptisch an: »Ist es das, was du wirklich willst?«

Bald sitzt der Bauer in einer durch einen Dschinn herbeigezauberten Kutsche mit acht feurigen Pferden auf dem Weg zu einem Marmorschloss auf einem Hügel, das der Naturgeist ihm in ein paar Minuten gebaut hat. Er zaubert auch noch einen mit auserlesenen Speisen gedeckten Tisch herbei.

Aber da fangen die Probleme bereits an. Aufdringlich taucht der Dschinn immer wieder vor ihm auf. Mit vor der Brust verschränkten Unterarmen verneigt er sich und fragt in einem fort: »Meister, was ist dein Befehl?« Der Bauer kann sein Essen kaum genießen und schon gar nicht die Tänzerinnen, die der Naturgeist ihm ebenfalls besorgt hat.

Schließlich entscheidet er sich: »So geht es nicht mehr!« Und er befiehlt dem Dschinn, ihn wieder zur Hütte der alten Frau zu bringen, wo alles angefangen hat. Sie sitzt auf dem Bänkchen vor der Tür, als sie angeschwebt kommen, und scheint nicht im Geringsten überrascht zu sein.

»Ich danke dir für den Dschinn«, sagt er. »Er ist wirklich eine große Hilfe. Aber es gibt etwas, das mich verrückt macht – nämlich: Er lässt mich keinen Moment in Ruhe.«

Mühsam steht die Frau auf. Da sie viel kleiner als er ist, stellt sie sich auf die Zehenspitzen, reicht mit ihrer Hand in seinen langen welligen Bart und reißt ihm mit einer schnellen Bewegung ein Haar aus. Das Haar gibt sie ihm und meint: »Versuche, das glatt zu ziehen!« Er zieht das Haar gerade, aber sobald er es loslässt, rollt es sich wieder zusammen. Nach einer Weile schüttelt er den Kopf. Aber er hat es verstanden.

Ab jetzt sitzt der Dschinn, wenn er nicht gebraucht wird, in einer Ecke und versucht, ein Haar gerade zu ziehen, immer und immer wieder.

Und der Bauer – kann fortan das Leben entspannt genießen.

Frage 1: Wofür steht der Dschinn?
Frage 2: Wofür steht das Haar?

Die unterschiedlichen Arten von Mantras

Bij- oder Saat-Mantras bestehen nur aus einer oder wenigen Silben. Wenn wir diese einfachen konzentrierten Töne singen, wirken sie wie kleine Staubkörnchen, um die sich eine Schneeflocke kristallisiert. Das Chanten von Bij-Mantras kreiert energetische Muster, wodurch wir uns und unsere Umgebung positiv ändern können.

Die Bij-Mantras, die bei unserer Seelenreise gebraucht werden, sind:

Bij-Mantras	Bedeutung
HAR	Ich lasse los, ich erneuere mich, ich sehe alles als eins.
AKAL	Ich erkenne die Seele als unsterblich.
SAT NAM	Ich bin mir meiner wahren Identität bewusst.
DU oder THOU	Ich gebe mich dem Universum hin.
ONG	Ich bin die kosmische Schöpfungs-Energie.

Ashtang- oder achtgliedrige Mantras bestehen, so wie der Name schon andeutet, aus acht Teilen. Sie aktivieren positive Programme im Gehirn, indem die Zunge bei der Aussprache spezifische Reflexpunkte auf dem oberen Gaumen berührt, die mit dem Hypothalamus verbunden sind, der dann Körper und Geist entsprechend einstellt.

Die achtgliedrigen Mantras, die bei unserer Seelenreise gebraucht werden, sind:

Ashtang-Mantras	Bedeutung
ONG-NA-MO-GU-RU-DEV-NA-MO	Ich begrüße die kosmische Energie und den erhabenen Weg, der mich vom Dunkeln zum Licht führt.
RA-MA-DA-SA-SA-SE-SO-HANG	Ich erkenne die Verbundenheit von Sonne, Mond, Erde, das Unendliche in mir und außerhalb von mir.

Ashtang-Mantras	Bedeutung
WAHE-GURU-WAHE-GURU-WAHE-GURU-WAHE-JIO	Meine Freude, den Weg vom Dunkeln zum Licht zu gehen, bringt Liebe in meine Seele.
GOTT-UND-ICH-ICH-UND-GOTT-SIND-EINS	Es gibt keine Trennung zwischen Schöpfer und Schöpfung.

Weitere Mantras, die nicht in diese Einteilung passen, aber trotzdem eine tiefe Wirkung haben und die wir auch bei der Reise verwenden, sind:

Weitere Mantras	Bedeutung
SA-TA-NA-MA	Geburt – Leben – Tod – Wiedergeburt.
AAD GUREH NAMEH – JUGAAD GUREH NAMEH – SAT GUREH NAMEH – SIRI GURU DEVEH NAMEH	Ich rufe die Weisheit meines Anfangs, meiner Erfahrung, meiner Intelligenz und meiner Vision an.
HAMI HAM – TUMI TUM – WAHE GURU	Meine Energie und deine Energie zu kennen gibt mir Freude.
ICH SEGNE MICH SELBST – ICH SEGNE MICH SELBST – ICH BIN – ICH BIN	

9 Mudras

Unser Körper wird durchdrungen von 72 Nadis, subtile Klangströme, die unsere Energie steuern. Sie strömen aus dem Nabel-Chakra heraus in alle Körperteile, auch zu unseren Fingern und den verschiedenen Teilen unserer Hände. Dort können wir diese Strömungen über sogenannte Mudras, Hand- und Finger-Haltungen, lenken.

Zum Beispiel repräsentiert der Daumen Mars-Energie: Willenskraft und Ego.

Berühren wir damit in »Gyan-Mudra« den Zeigefinger, bringt

das Jupiter-Energie: Optimismus und Positivität.

Den Mittelfinger zu berühren in »Shuni-Mudra« bringt Saturn-Energie: Disziplin und Klarheit.

Den Ringfinger zu berühren in »Ravi-Mudra« bringt Sonnen-Energie: Lebenskraft und Lebenslust.

Den kleinen Finger zu berühren in »Buddhi-Mudra« bringt Merkur-Energie: Beherrschung des Geistes und der Kommunikationsfähigkeit.

Den Ballen des Daumens zu berühren in »Venusgriff« bringt Venus-Energie: Harmonie und Liebe.

Es gibt sehr viele mögliche Kombinationen von Finger und Handflächen. Neun solcher Mudras geben den Kriyas der Seelenreise eine große Tiefe.

2 Bandhas

Zu unserem letzten Reisegepäck gehören zwei Bandhas. Das Wort bedeutet »Zusammenbringen«, und tatsächlich werden bei jeder Bandha mehrere Muskeln zusammen angezogen. Es gibt auch noch eine freiere Übersetzung mit »Schleuse«. Diese bezieht sich darauf, dass die Bandhas Energie in der Wirbelsäule hochbringen können, was sie natürlich für die Seelenreise besonders wertvoll macht.

Bei Mulbandh oder »Wurzelschleuse« geht es um das Anziehen einer schmalen Muskelverbindung, die vom Nabel zwischen den Beinen durch bis zum Steißbein läuft. Sie besteht aus dem Afterschließmuskel, dem um das Geschlechtsorgan herumlaufenden Muskel und dem unteren Bauchmuskelanteil zwischen Nabel und Schambein.

Mulbandh hat mehrere Anwendungen und Wirkungen. Immer

wenn du dich bei einer Yoga-Haltung oder -Bewegung nach hinten beugst, ziehe Mulbandh, um deiner Lendenwirbelsäule Halt zu geben – auch wenn es nicht ausdrücklich angegeben wird.

Außerdem gewöhne dir bitte an, am Ende jeder Übung einmal lang und tief einzuatmen, den Atem zu halten, dabei ungefähr 10 Sekunden lang Mulbandh zu ziehen, um dann bei der Ausatmung Mulbandh loszulassen. Das fördert nicht nur das Hochfließen der Kundalini-Energie in der Wirbelsäule, es ist auch ein gutes Training für den Beckenboden.

Bei der »Nackenschleuse« oder Jalandhara Bandh geht es um die aufrechte Kopf- und Nackenhaltung. Sie besteht aus dem Anheben des Brustbeins, dem Nach-oben-Ziehen des Hinterkopfes und dem Einziehen des Kinns. Der Kopf kommt dabei nach oben, nicht nach vorne.

Die Nackenschleuse schützt nicht nur deinen Nacken. Sie »schleust« außerdem die Kundalini weiter nach oben.

Tipp

Für die Leserinnen und Leser dieses Buches gibt es kostenlos 26 Seelenreise-Videos zum Mitmachen. In jeweils 15 bis 20 Minuten werden unter Anleitung des Autors die Übungen gezeigt, und du kannst die Sprachmelodien der Mantras hören. Außerdem werden Anpassungen, Alternativen und Ergänzungen zu den Übungen vorgeschlagen.
Siehe: *www.seelenreise.blog*

Jetzt, mit diesem Gepäck, kannst du die Reise beginnen …

Die Reise der 26 Wirbel

Ein kleiner Reiseführer

Bei der Seelenreise geht es darum, die Aufgaben der Wirbel zu meistern. Jede Aufgabe besteht aus sieben Schritten:

1. Eine Affirmation
   Suche dir eine der Affirmationen aus, die beim jeweiligen Wirbel aufgeführt sind, so wie »Ich fange an« oder »Ich übe und spüre«. Wiederhole sie immer wieder, während du an dem Wirbel arbeitest. Sie wird die Kraft deines Geistes fokussieren.

2. Die Reise durch Wirbel 1, 2, 3 …
   Hier wird die Einsicht beschrieben, die dir hilft, die Aufgabe dieses Wirbels zu meistern.

3. Ein Erfahrungsbericht
   Als Beispiel gibt es zu jedem Wirbel eine Geschichte aus meinem Leben, wie ich mithilfe des Yoga und meines Lehrers Yogi Bhajan versucht habe, diesen Wirbel zu durchqueren.

4. Die Pforte der Reise
   Singe dreimal ONG NAMO GURU DEV NAMO, bevor du die Übungen anfängst, und dreimal SAT NAM zum Schluss, wobei du die Hände vor die Brust legst.

5. Drei Vorbereitungsübungen
   Führe jede dieser Übungen, die unter der Kriya in kleinen Abbildungen dargestellt sind, 26-mal aus, außer die Heuschrecke, die du stattdessen 1 bis 2 Minuten lang hältst. Die genaue Beschreibung zur Ausführung der Vorbereitungsübungen befindet sich im vorherigen Kapitel.

6. Kleine Entspannung
   Lege dich zwischen Vorbereitungsübungen und Kriya in die Rückenlage, die Hände neben deinem Körper, die Handflächen zeigen nach oben. Entspanne 26 ruhige Atemzüge lang.

7. Kriya
   Übe 40 Tage lang möglichst ohne Unterbrechung die Kriya eines Wirbels. Eine Kriya ist eine uns durch Yogi Bhajan überlieferte Übung oder Übungsabfolge mit genau beschriebenen inneren Prozessen. Die Dauer der Kriya ist im Buch angegeben. Für Fortgeschrittene stehen die ursprünglichen Zeiten der Kriya am Ende des Buches. Video-Aufnahmen der Kriyas zum Mitmachen siehe unter www.seelenreise.blog.

Die Affirmationen der Wirbel

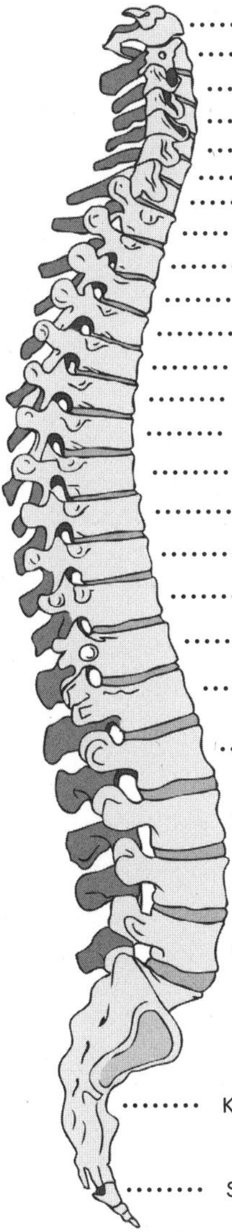

Wirbel	Nr.	Affirmation
Atlas	26	Ich bin vollkommen glücklich.
Axis	25	Ich bin Teil der Goldenen Kette.
C3	24	Ich kenne mein Karma.
C4	23	Ich mag es, alt zu werden.
C5	22	Ich segne mich selbst.
C6	21	Ich erschaffe mein Universum.
C7	20	Ich spreche mit meiner Seele.
Th1	19	Ich kann loslassen.
Th2	18	Meine Seele ist unsterblich.
Th3	17	Ich kommuniziere bewusst.
Th4	16	Gott und ich sind eins.
Th5	15	Ich bin Teil des neuen Zeitalters.
Th6	14	Ich liebe belebendes Essen.
Th7	13	Ich bleibe auf dem Weg.
Th8	12	Ich schütze mein Herz.
Th9	11	Ich liebe Kinder.
Th10	10	Ich empfinde selbstlose Liebe.
Th11	9	Ich habe gute Weggefährten.
Th12	8	Ich übernehme Verantwortung.
L1	7	Ich ruhe in meiner Mitte.
L2	6	Ich bleibe dran.
L3	5	Ich übe und spüre.
L4	4	Ich habe Geduld.
L5	3	Ich bin auf einem guten Weg.
Kreuzbein	2	Ich habe Kraft.
Steißbein	1	Ich fange an.

Die Pforte

Nimm dir einen Moment der Stille,
bevor du die Reise anfängst
oder weiterführst.
Was ist deine Absicht?
Was erhoffst du dir?

Dann, bevor du über die Schwelle gehst,
bringe die Hände vor deiner Brustmitte zusammen.
Chante dreimal:

ONG NAMO GURU DEV NAMO

Wirbel 1

Wurzel-Chakra:
Hier beginnt
meine Kundalini.

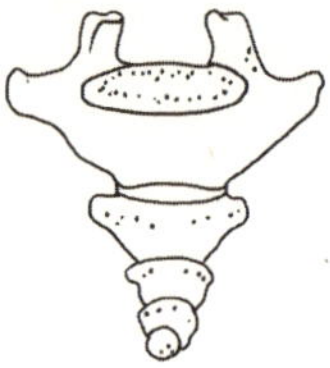

1. Pada:
Ich fange an.

Verbunden mit:
meinem Beckenboden,
der das Becken von
unten abschließt
und auch die Bauch-
organe stützt;
meinem Afterschließmuskel,
der Teil des Becken-
bodens ist.

Affirmationen:
Ich bin gut geerdet.
Ich fühle mich sicher.

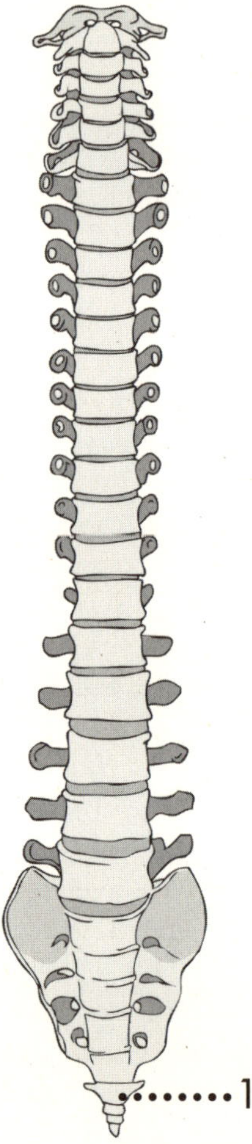

Die Reise durch Wirbel 1: »Ich fange an«

Selbst die längste Reise fängt mit einem Schritt an. Ein Schritt, mit dem du Altes, Vertrautes hinter dir lässt und dich für Neues, Ungewohntes öffnest. Manchmal geschehen solche Anfänge eher unbewusst und beiläufig, aber bei etwas so Wichtigem wie der Seelenreise ist der erste Schritt häufig eine Krise. Krisen sind Perioden von Verlust und Zerstörung, aber sie gehören zum Leben dazu, und du wirst bestimmt ein paar große und viele kleinere in deinem Leben erlebt haben und noch erleben.

Die Yoga-Philosophie hat darauf eine konstruktive Sicht. Für sie ist eine Krise vor allem eine Periode der Transformation, in der große Entwicklungen möglich sind. Durch eine Krise wird dein Ego, das sich normalerweise gegen alles sperrt, was über einen »normalen« selbstsüchtigen Lebensstil hinausgeht, geschwächt, und es entsteht ein Zustand der Ratlosigkeit. Daraus wiederum entsteht eine Leere, die letztendlich positiv ist, weil dann ein spirituelles Gesetz greift: »Das Universum mag keine Leere.« Wie verloren und kaputt dein Leben durch die Krise auch sein mag, wenn du es schaffst durchzuhalten, wird immer etwas Gutes kommen, um die Leere in deinem Leben zu füllen. Und das Beste, was kommen kann, wird in einem weiteren Gesetz beschrieben: »Jeder Mensch erhält wenigstens einmal im Leben die Chance, einem Lehrer zu begegnen.«

Was für ein Lehrer das wohl sein mag – ein Mensch, ein Tier, ein Lied, ein Land … – da gibt es eine große Bandbreite. Aber in diesem Moment, in dem dein Lehrer kommt, fängt deine Seelenreise an.

Du brauchst aber nicht auf die nächste Krise in deinem Leben zu warten, um die Reise zu starten: Lass dieses Buch dein Lehrer sein. Fange mit der Rebirthing-Meditation am Schluss dieses Kapitels an und übe sie 40 Tage lang mit zunehmender Intensität. Rebirthing im Kundalini Yoga hat eine etwas andere Bedeutung als üblich. Es geht dabei nur sekundär darum, eventuelle Geburtstraumata zu heilen. Die primäre Absicht und Wirkung bestehen darin, genau an deinem momentanen Lebensabschnitt eine Art neue Geburt zu erleben und einen neuen Anfang zu machen.

Erfahrungsbericht 1973: Der Psychopomp

»Ein Psychopomp ist ein Führer, dessen primäre Funktion es ist, Seelen durch den Übergang des Sterbens zu führen, aber er kann auch helfen, die verschiedenen Übergänge des Lebens zu meistern.«[6]

Als mein Psychopomp wieder auftauchte, hatte er seine normalerweise dreckige schwarze Kleidung gegen eine makellose weiße Kurta[7] ausgetauscht. Seine Haut schien von seiner üblichen Akne und den runden rötlichen Geschwüren aufgrund seiner Heroinsucht geheilt.

Er ging nicht mehr gebeugt, und seine Brille und seine Haare waren wohl zum ersten Mal, seit ich ihn kannte, sauber. Die wichtigste Änderung machte sich aber dadurch bemerkbar, dass er mir jetzt unverwandt in die Augen schaute und anfing, mich zu beraten, sodass ich meine normalerweise ihn aufbauende Konversation nicht mühsam beginnen musste.

Mir war sofort klar: »So eine Verwandlung brauche ich auch …«

Ich befand mich damals, 23 Jahre alt, kurz bevor ich Kundalini Yoga kennenlernte, in der tiefsten Krise meines Lebens. Verletzt hatte ich mich nach der Trennung von meiner Freundin in die Einsamkeit meines Amsterdamer Studentenzimmers zurückgezogen, wo ich in blinder Nachahmung von Bob Dylan, George Harrison und anderen weisen Männern meiner Generation alle erdenklichen Fingerkombinationen auf meiner Gitarre übte. Der Hintergrundgedanke dabei war, dass ich wenigstens Gitarre spielen könnte, wenn ich diese Depression überstanden hätte.

Als Vordergrundgedanke wiederholte sich in endlosen Schleifen (auch auf Niederländisch müsste es gut zu verstehen sein): »*Wat is de zin des levens?*«

Nach langen Monaten des Übens reifte allmählich folgende Antwort auf diese Frage:

»Der Sinn des Lebens liegt in dem, was ich geben kann.«

Die dadurch entstandene mentale Kehrtwende war groß genug, um mir einen Neuanfang zu ermöglichen. Jetzt konnte mein Leben weitergehen – ich wusste nur nicht, wie.

Zum Glück kam trotz meiner Isolation bald ein Psychopomp, bereit, mich zu führen, ohne sich seiner Rolle auch nur im Geringsten bewusst zu sein – ein Junkie namens Sierik, der Sohn meiner Vermieterin. Gebeugt ging er wie unter einer großen Last und schaute mich nur selten direkt an, während er mit seinen rötlich geschwollenen Händen eine Zigarette nach der anderen drehte. Obwohl er meist liebenswürdig war, konnte er auch aggressiv sein, wenn seine Gier nach Heroin ihn übermannte, so wie er einmal in den Räumen seiner Mutter die Verkleidung von den Türen brach, um zu schauen, ob sie da vielleicht ihr Geld vor ihm versteckte.

Als ich mich aufgrund meiner neuen Erkenntnis entschied zu versuchen, ihm und seiner Mutter zu helfen, dauerte es nicht lange, bis meine nächste Einsicht kam: »Um etwas geben zu können, musst du etwas haben, das du geben kannst.«

Weil Sierik einen Kopf größer als ich war, begann ich, um seine Mutter schützen zu können, zweimal wöchentlich Karate zu trainieren – das erste Geschenk meines Psychopomps. Karate brachte mir nicht nur die in der Situation gewünschte Durchsetzungsfähigkeit, sondern auch eine gründliche psychische Reinigung.

Später machte Sierik mir, obwohl es ihm nach einem Selbstmordversuch immer schlechter ging und unsere Gesprächsversuche zunehmend hilfloser wurden, sein zweites und größtes Geschenk. Nach einem seiner endlosen Streifzüge überallhin, wo es was zu schnorren gab, kam er zurück mit einer vagen Geschichte über eine Gruppe weiß gekleideter Menschen, die Yoga machten und die bereit waren, ihm zu helfen, von den Drogen wegzukommen.

Meine erste Reaktion darauf war nicht gerade unterstützend. Inzwischen ziemlich skeptisch geworden, was die Wirksamkeit von guten Absichten bei Drogenabhängigkeit anging, hätte ich ihn lieber auf einem Bauernhof mit harter Arbeit, Ersatzdrogen und psychologischer Begleitung gesehen. Er entzog sich aber meinem Mangel an Enthusiasmus und verschwand für sechs Wochen.

Als er wieder auftauchte, zeigte er mir den Weg zum Kundalini Yoga.

Kriya: Yoga-Rebirthing

1. In einfacher Sitzhaltung

Eine einfache Haltung ist jede Haltung mit gekreuzten Beinen, die für dich bequem ist (eventuell mit einem Kissen unter deinem Po oder auf einem Stuhl mit gerader Rückenlehne).
Deine linke Hand liegt auf deinem Herzzentrum in der Mitte des Brustbeins, deine rechte Hand liegt darüber. Die Augen sind geschlossen. Fange an, schwer und intensiv durch deinen Mund bis tief in deine Kehle ein- und auszuatmen.[8]
Zeitdauer: 3 bis 7 Minuten.

2. In Baby-Haltung

Komme in den Fersensitz. Bringe deine Stirn zum Boden. Lege die Arme neben dem Körper mit den Handflächen nach oben.
Um die Baby-Haltung an deinen Körpertyp anzupassen, kann es nötig sein, eine gefaltete Decke unter die Stirn und / oder zwischen

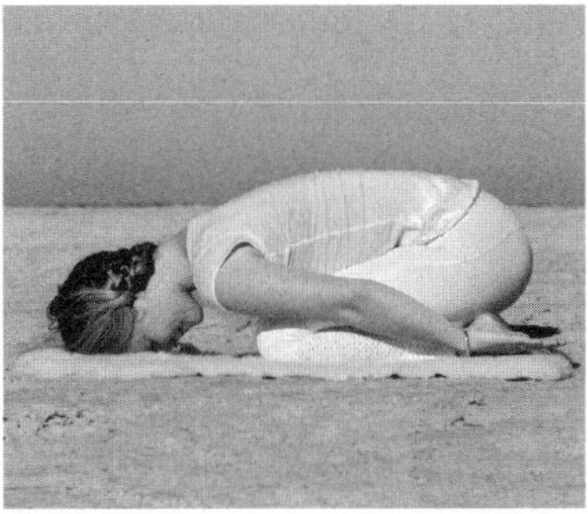

Fersen und Po zu legen; dabei kannst du die Knie leicht spreizen. Atme jetzt entspannt durch die Nase ein und aus.
1,5 Minuten: Meditiere auf alle Schmerzen, die du in der Gebärmutter deiner Mutter empfunden hast.
3 Minuten: Erfahre noch mal den Moment deiner Geburt.
2 Minuten: Mache ein kurzes Nickerchen in dieser Haltung.
1 Minute: Atme ein, halte den Atem und ohne zu atmen drücke den Nabel ein und aus.
Atme aus.
Fühle dich großartig. Spüre ganz viel Licht in deinem Kopf.

3. In einfacher Sitzhaltung

Singe das Mantra WAHE GURU WAHE GURU WAHE GURU WAHE JIO.
Zum Schluss atme dreimal tief ein und aus. Spüre viel Licht in dir und stärke dich mit diesem Licht. Zeitdauer: 3 bis 8,5 Minuten.

Vorbereitungsübungen

Heuschrecke

Wirkt auf Beckenboden, Geschlechtsorgane und unteren Rücken.

Tantrik-Sudra-Siddhi

Wirkt auf Gesäß, Ischias und Lendenwirbelsäule.

Becken-Hüpfen

Wirkt auf Becken, Po und Lymphsystem.

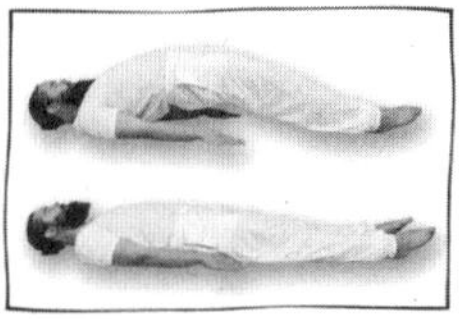

Wirbel 2

Sexual-Chakra:
Ich spüre meine Lebenslust.

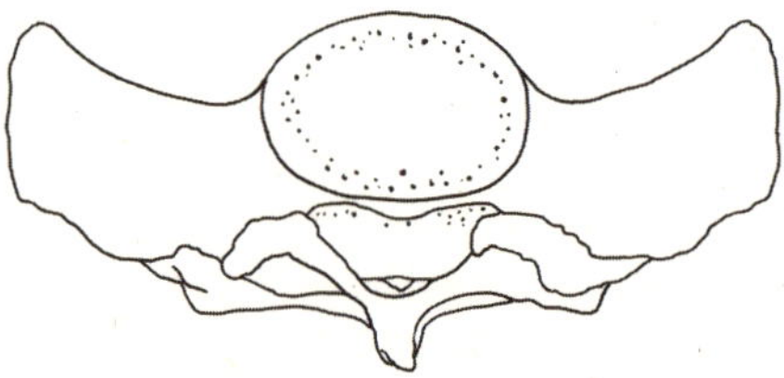

1. Pada:
Ich bin begeistert.

Verbunden mit:
meinen Geschlechtsorganen;
meinem Becken;
meinem Iliosakralgelenk,
das Gelenk zwischen
Becken und Kreuzbein.

Affirmation:
Ich erschaffe ein
schönes Leben.

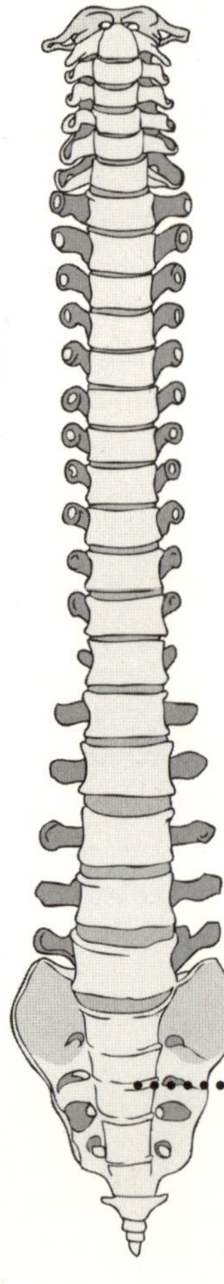

Die Reise durch Wirbel 2: »Ich habe Kraft«

Deine Reise wird bestimmt lange dauern und dich weit bringen. Versuche deshalb, so viel Begeisterung und Kraft wie möglich für den Anfang zu mobilisieren – umso wahrscheinlicher ist es, dass du lange durchhalten und dein Ziel wirklich erreichen kannst. Zum Glück wird die Kundalini-Energie nicht umsonst Reserve-Energie genannt. Selbst wenn das Leben dich extrem gebeutelt hat – es gibt immer noch ein extra Fässchen, das du anzapfen kannst.

Und du brauchst beim Kundalini Yoga in der Tradition von Yogi Bhajan keine Angst zu haben, dass es dich in psychische Schwierigkeiten bringt – erinnere dich (wenn du das Vorwort nicht übersprungen hast): Es ist »Slow Kundalini«. Du wirst dich und deine Energie-Ebene transformieren, aber durch eine Evolution und nicht durch eine plötzliche Explosion.

Es gibt einen einfachen Test, um zu sehen, ob die Kundalini bei dir wirklich in Bewegung gekommen ist. Obwohl er nicht wissenschaftlich begründet werden kann, wirst du wissen, was ich meine, wenn er bei dir funktioniert.

Mache die Kriya »Energie und Entspannung« am Ende dieses Kapitels 40 Tage lang und schaue nachher in den Spiegel. Vielleicht siehst du, dass deine Augen angefangen haben zu strahlen. Dann weißt du, dass Kundalini ihre Reise begonnen hat …

Erfahrungsbericht 1975: Magische Kräfte?

Meine erste Begegnung mit Sieriks neuen Freunden war keine Liebe auf den ersten Blick. In dem großen, mit weißen Laken ausgelegten Raum in Amsterdam-Süd machte ich zwar brav beim indischen Gesang mit und nahm mit der dort wohnenden, weiß gekleideten Gemeinschaft ein indisches Essen zu mir. Danach ging ich aber mit meinem irischen Gitarrenlehrer, den ich mitgebracht hatte, schleunigst in ein Kaffeehaus um die Ecke, wo wir aus dem Lachen über die holländischen Aschram[9]-Bewohner, die alles indisch machten, kaum noch rauskamen.

Auch das auf Spendenbasis in dem Aschram angebotene Kundalini Yoga, das ich auf der Suche nach der mysteriösen Verwandlung meines Psychopomps ausprobierte, beeindruckte mich – gewöhnt an die heftigen Übungen des Karate-Trainings – nicht sofort. Weil ich aber die Stimmung beim Yoga sehr schön fand, beschloss ich, trotzdem mit wöchentlichen Yogastunden anzufangen, und begründete diese Entscheidung für mich selbst damit, dass ich vielleicht durch das Yoga magische Kräfte kriegen würde, die ich dann beim Karate verwenden könnte.

In Patanjalis jahrtausendealten »Yoga-Sutras« sind magische Kräfte tatsächlich ein Thema.

Es gibt eine lange Liste davon, was man durch besondere Formen der Yoga-Konzentration erreichen kann, zum Beispiel:

- die Gedanken anderer zu lesen
- Vorauswissen um den eigenen Tod
- Erkenntnis der Sprache aller Lebewesen
- leben ohne Hunger und Durst

Am Ende des Kapitels über paranormale Fähigkeiten wird allerdings davor gewarnt, sich diesen Kräften zu verschreiben, weil sie eher eine Blockierung für die angestrebte Erleuchtung bilden, wenn damit nur die eigene Unsicherheit kompensiert wird.

Ehrlich gesagt war Unsicherheit bei mir damals auch das Problem: Ich sehnte mich danach, Macht zu haben, damit ich trotz meiner Verletzungen gut in der Welt bestehen konnte.

Stattdessen hat Yoga mir aber eine so tiefe Heilung gebracht, dass ich keine magischen Kräfte mehr brauchte.

Kriya: Energie und Entspannung

In einfacher Sitzhaltung[10]: Die Hände liegen auf den Knien.
Atme tief ein. Dann halte den Atem – so lange, wie es bequem für dich ist.
Während du den Atem EINhältst, ziehe dreimal Mulbandh (After, Geschlechtsorgan und Nabelpunkt) und lass wieder los.
Atme vollständig aus. Wiederhole diese Sequenz für 1 Minute.
Dann strecke einen Moment lang die Beine und schüttle sie.
Wiederhole diesen Ablauf in ausgeatmetem Zustand:
Atme ein. Atme aus. Während du den Atem AUShältst, ziehe dreimal Mulbandh und lass wieder los. Wiederhole diese Sequenz ebenfalls für 1 Minute.
Dann strecke wieder die Beine und schüttle sie.
Bleibe danach in einfacher Haltung eine Weile in tiefer Meditation sitzen. Fühle, wie die Einheit, die du mit dem universellen Geist jetzt spürst, jegliche Negativität aus deinen Gedanken entfernt.
Praktiziere diese Übung, um 40 Tage ohne negative Gedanken zu bleiben.

Vorbereitungsübungen

Winkel-Rudern

Wirkt auf Iliosakralgelenk und Becken.

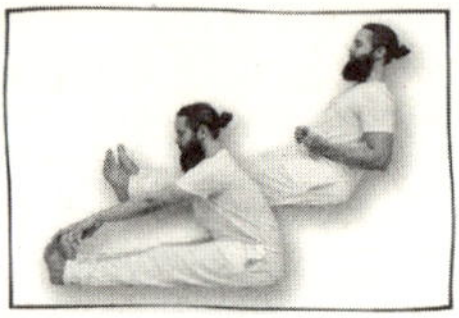

Tantrik-Sudra-Siddhi

Wirkt auf Gesäß, Ischias und Lendenwirbelsäule.

Becken-Hüpfen

Wirkt auf Lymphsystem, Po und Becken.

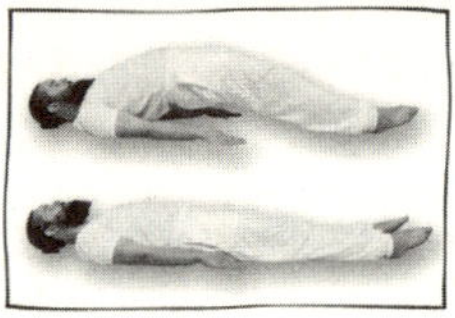

Wirbel 3

Sexual-Chakra:
Ich bewege mich gerne.

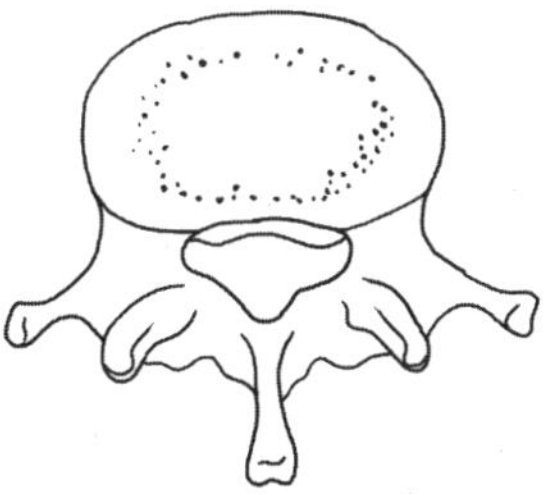

2. Pada:
Ich folge meiner
Intuition.

Verbunden mit:
meinen Unterschenkeln,
meinen Füßen,
meinen Fußgelenken,
meinen Zehen und dem
Kreislauf in meinen Beinen,
die alle mit dem
Gehen zu tun haben.

Affirmation:
Ich kann mich ändern.

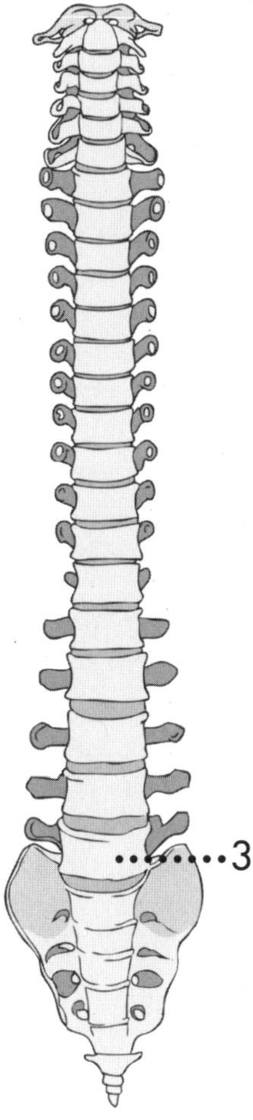

Die Reise durch Wirbel 3: »Ich bin auf einem guten Weg«

Inzwischen befindest du dich wohlbehalten auf dem Weg deiner Seelenreise. Vielleicht ist es jetzt an der Zeit, einmal innezuhalten und dich zu besinnen: »Ist Kundalini Yoga der richtige Weg für mich? Kann ich diesen Weg gehen? Möchte ich es wirklich?«

Einer der Konflikte, der dabei auftauchen kann, liegt in den Gegensätzen zwischen der Seelenreise und dem üblichen Weg, den du von klein auf durch Eltern, Schule und Freunde eingetrichtert bekommen hast (oder der radikalen Gegenreaktion darauf). Da könntest du dir folgende interessante Fragen stellen:

Was hatten meine Eltern ursprünglich mit mir vor? Welche Erwartungen lasten auf meinen Schultern? Welches Verhalten ist für jemand wie mich normal, in meinem Land, in meiner Kultur, mit meinen Vorfahren? Führt mich das dahin, wohin ich vom Herzen gehen möchte?

Wenn es die Seelenreise ist, die du gehen möchtest, solltest du Teil ihrer Tradition werden. Hilfreich dabei wäre es, Kundalini Yoga selbst weiterzugeben. Du brauchst kein Lehrer zu werden, so wie im Erfahrungsbericht dieser Etappe beschrieben wird. Aber schau mal, ob jemand auf dich zukommt, dem du eine Übung zeigen kannst. Mache dir keinen Stress damit, es wird von selbst passieren – falls nicht, kommt es halt später. Aber in dem Moment, in dem du Kundalini Yoga weitergibst, wirst du Teil der sogenannten Goldenen Kette, die aus deinem Yogalehrer besteht (das könnte auch dieses Buch sein), seinem Lehrer, dessen Lehrer usw. Das ist eine neue Beziehungsebene für dich, aber diesmal die, die du bewusst gewählt hast, weil sie dich glücklich machen kann.

Überprüfe das vielleicht dadurch, dass du eine Weile täglich deine Glücksebene beobachtest …

In der Kriya gibt es wieder ein Mantra. Singen ist in unserer Gesellschaft eine fast verlorene Kunst, und möglicherweise tust du dich etwas schwer damit, oder andere, die dich vielleicht hören, reagieren abwertend. Aber halte durch und probiere es (vielleicht mithilfe des Videos auf der Webseite www.seelenreise.blog).

Es gibt nichts Besseres, um dein Herz zu öffnen …

Erfahrungsbericht 1977: Die Goldene Kette

Regelmäßig führte ich damals Buch über meine Glücksebene. In mein Heft zog ich täglich eine horizontale Zeitlinie. Darüber malte ich meine Glückskurve – über dem Strich glücklich, unter dem Strich unglücklich.

Diese Kurve, die es vorher nur selten über null geschafft hatte, ging jetzt zu meinem Erstaunen nach jedem Yoga-Unterricht hoch … Hatte ich in dem Kundalini-Aschram den magischen Ort gefunden, den ich früher vergeblich durch mein Soziologiestudium gesucht hatte? Den Ort, wo ich hingehöre, wo meine Leute wohnen und wo ich glücklich sein kann?

Kundalini Yoga war für mich inzwischen so wichtig geworden, dass es mich viermal wöchentlich in den Yoga-Raum des Aschrams zog. Meine anfängliche Belustigung über das Singen von Mantras hatte sich allmählich komplett ins Gegenteil verwandelt. Und das regelmäßige gemeinsame Essen nach dem Singen in der Gurdwara[11] am Sonntag bereitete meiner Einsamkeit das endgültige Ende.

Dann kam das erste Europäische Yoga-Festival[12] mit hundert Yogis in einem verfallenen Schloss in der Nähe von Paris. Mitten in der Nacht geheimnisvolles Chanten … War das Yogi Bhajan? Ich praktizierte zum ersten Mal Weißes Tantra-Yoga[13] – meine Partnerin war ein bezauberndes belgisches Mädchen mit Grübchen in den Wangen. Und es fand sich jemand, der für mich den ersten Turban band – was sich großartig anfühlte.

Nach dem Festival änderte sich vieles. Ohne die Vorstellung einer Goldenen Kette zwischen Meister und Schüler zu kennen, wusste ich: Ich habe Yogi Bhajan gesehen – jetzt bin ich bereit, selbst Yoga zu unterrichten. Bald passte sich das Universum dieser Einsicht an: Der rotbärtige Aschram-Leiter bat mich, ihn beim abendlichen Yoga-Unterricht zu vertreten. Er nahm dafür seinen Turban ab, sodass er nur noch einen kleinen orangefarbenen Unterturban trug, band mir seinen weißen um den Kopf und sagte (etwas, das wir jetzt nie so sagen würden): »Du darfst unterrichten, wenn du einen Turban trägst.«

Wenige Wochen nach diesem ersten aufgeregten, aber sehr gut aufgenommenen (»Du hast so eine ruhige Ausstrahlung«) Yoga-Unterricht zog eine andere Aschram-Bewohnerin weg aus Amsterdam, um in Kopenhagen ein eigenes Zentrum aufzubauen. Von den vielen wöchentlichen Yoga-Kursen, die sie dabei aufgab, überließ sie mir zehn. Darauf fing ich an, kreuz und quer durch die Niederlande zu reisen. Kurz bevor ich den jeweiligen Unterrichtsort erreichte, wickelte ich dann im Spiegel in der Zugtoilette meinen Turban – ich war noch viel zu schüchtern, um ihn in der Öffentlichkeit zu tragen.

Kriya: Der Weg des Herzens

In einfacher Haltung mit einer leichten Nackenschleuse, bestehend aus einem leicht angehobenen Brustbein, einem lang gestreckten Hals und einem leicht angezogenen Kinn.
Bringe die Hände im Gebets-Mudra vor der Brustmitte zusammen. Beim Gebets-Mudra sind die Hände zusammengelegt und die Daumen überkreuzt.

1. Atme ein und singe:
   AD GUREH NAMEH

Strecke dabei die Arme in einem 45-Grad-Winkel nach vorne und nach oben.
2. Atme ein und singe:
JUGAAD GUREH NAMEH
Bringe dabei die Hände wieder zurück zum Herzzentrum in der Brustmitte.
3. Atme ein und singe:
SAT GUREH NAMEH
Strecke dabei die Arme wieder im 45-Grad-Winkel nach vorne und oben.
4. Atme ein und singe:
SIRI GURU DEVEH NAMEH
Führe die Hände wieder zurück zum Herzzentrum.
Zeitdauer: 7 bis 11 Minuten.

Das Mantra verleiht dir eine anziehende, herzliche Persönlichkeit, wodurch du leicht Freunde und Unterstützer findest, und es umhüllt dich mit einem schützenden Licht.

Vorbereitungsübungen

Krähe

Wirkt auf Füße, Oberschenkel und Waden.

Tantrik-Sudra-Siddhi

Wirkt auf Gesäß, Ischias und Lendenwirbelsäule.

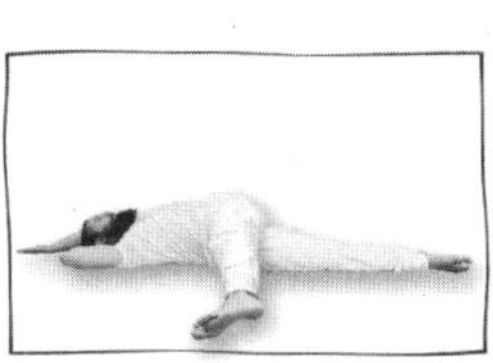

Frösche

Wirkt auf Beine, Becken und Po.

Wirbel 4

Sexual-Chakra:
Ich brauche keine schnelle
Befriedigung.

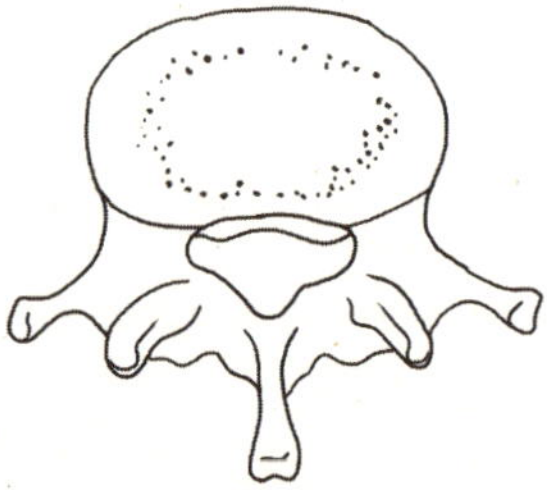

2. Pada:
Ich arbeite an meinem
Karma.

Verbunden mit:
meinem unteren Rücken und
meinem Ischiasnerv,
die damit zu tun
haben, das Alte loszulassen,
und darauf zu vertrauen,
dass das Neue
richtig gut wird.

Affirmation:
Ich bin bereit, mich
zu entspannen.

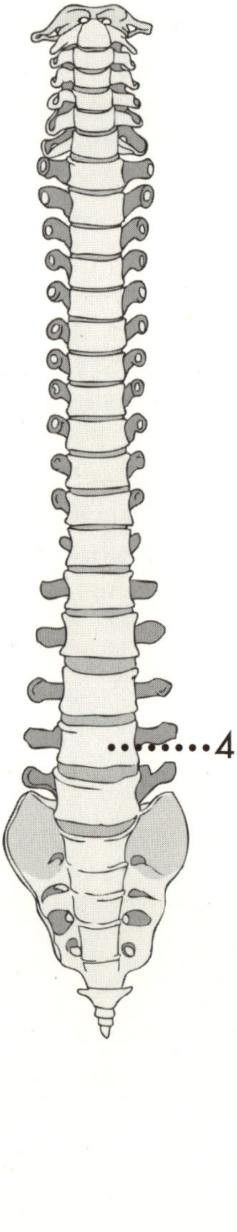

Die Reise durch Wirbel 4: »Ich habe Geduld«

In dieser Phase der Reise ist es leicht, vom Weg abzukommen – jetzt wirst du nämlich mit deinen Schwächen konfrontiert, besonders mit Faulheit und Fanatismus.

Fanatismus zeigt sich in der Haltung der Arroganz: »Ich bin besser als du, weil ich so viel Yoga mache! Schau dir meine perfekten Haltungen an, meine Beine kann ich hinter meinen Nacken legen, und ich bin schon fast erleuchtet!« Keiner von uns Yogis ist ganz frei von dieser Form des Narzissmus. Was lässt sich gegen diese Aufblähung des Egos tun? Die einzige Lösung ist, den entgegengesetzten Geisteszustand zu kultivieren – nämlich Hingabe. Die Empfehlung:

1. Bau dir einen Altar, der für dich die universelle göttliche Energie repräsentiert.
2. Verneige dich täglich davor in Demut.
3. Platziere eine Schachtel auf dem Altar. Alles, was dir Tolles passiert, schreibe auf einen Zettel und lege ihn in die Schachtel; tue das Gleiche mit allem Schlechten.
4. Mache dir klar: Alles kommt aus dem Göttlichen, und alles geht wieder dahin zurück.

Faul sind wir aber auch alle. Täglich grüßt der innere Schweinehund …

Was können wir tun, um zu einer ausgeglichenen Disziplin zu kommen? Ein paar Tipps:

1. Mache besser jeden Tag ein wenig als lange Zeit nichts und dann auf einmal ganz viel.
2. Bringe Yoga in deinen Alltag: Bei vielen Hausarbeiten kannst du zum Beispiel ein Mantra singen oder Mantra-Musik im Hintergrund laufen lassen.
3. Praktiziere deine Übungen vor Sonnenaufgang – bevor die Stadt

oder die Familie aufwacht: Der Winkel der Sonne zur Erde beeinflusst diese magische Stunde so, dass dein Ego klein und dein Herz groß ist.
4. Praktiziere deine Übungen zusammen mit anderen. Das macht es leichter.

Erfahrungsbericht 1979: Viel Yoga und wenig Schlaf …

Eines Tages wachte ich nach einem offensichtlich spontanen Nickerchen desorientiert auf.

»Wo bin ich?«

Ich hob meinen Kopf.

Damals hatte ich mein erstes Yoga-Zentrum eröffnet – in einem schicken Raum mit Bleifenstern über dem »Golden Temple«-Restaurant, das die Aschram-Gemeinschaft in einer der besten Einkaufspassagen von Amsterdam betrieb.

Und obwohl ich abends spät unterrichtete, war ich aus einem tiefen inneren Bedürfnis heraus trotzdem um vier Uhr früh präsent beim Morgen-Yoga im Aschram.

Schlafmangel führte dabei zu dem kleinen Vorfall, den ich heute meinen Schülern erzähle, um zu zeigen, dass es keine gute Idee ist, als Yogalehrer bei der Entspannung mitzumachen, selbst wenn man sehr müde ist.

Es passierte beim Lunch-Yoga, das ich um die Mittagszeit anleitete. Es waren sieben oder acht Teilnehmer – eine halbe Stunde Yoga, Essen im Restaurant und wieder zurück ins Büro.

Es waren die Bleifenster, die ich sah, als ich meinen Kopf hob: »Ich bin im Yoga-Zentrum?« Heiß schoss dann die Erinnerung in mir hoch: »Ich leite gerade die Entspannung beim Lunch-Yoga an!« Der Raum war aber leer. Ich drehte mich auf meinem Schaffell zur Seite.

Neben meinem Kopf lag ein kleiner Haufen Fünf-Gulden-Scheine …

Kriya: Für das Gleichgewicht

In einfacher Haltung: Bringe die Hände, Unterarme und Ellbogen horizontal auf Schulterhöhe.
Die Finger sind im Gyan-Mudra mit Daumen- und Zeigefingerspitzen zusammen und die anderen Finger gestreckt.
Die Handflächen sind zum Körper gedreht, die Hände zeigen aufeinander, berühren sich aber nicht. Die Augen sind geschlossen.
Hebe in der Haltung dein Brustbein hoch und entspanne gleichzeitig die Schulterblätter, die Lendenwirbelsäule und das Kreuzbein.
Wenn du die gute Haltung gefunden hast, wird dein Atem von selbst tiefer werden.
Konzentriere all deine Gedanken auf den 4. Wirbel und denke gleichzeitig:
»Ich bin leicht, ich bin leicht, …«
Spüre, wie du leichter und leichter wirst, und entspanne

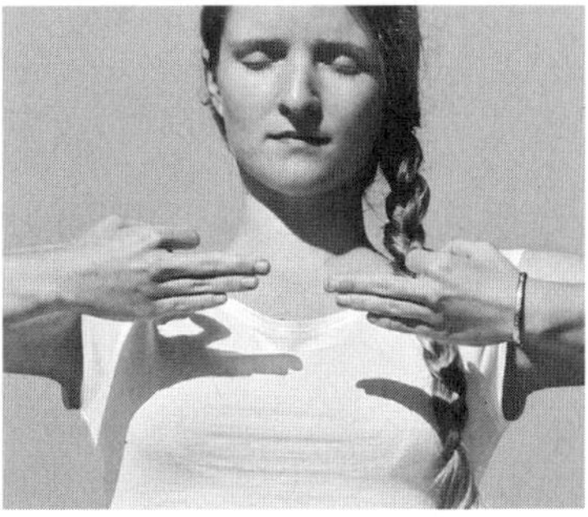

so tief, dass du sogar in dieser Haltung ein kleines Nickerchen machst und in einen Traumzustand kommst. Lass alles Schwere hinter dir.
Zeitdauer: 2 bis 3 Minuten.
Zum Beenden: Strecke deine Arme einmal gründlich aus.

Vorbereitungsübungen

Krähe

Wirkt auf Ischias und untere Rückenmuskulatur.

Tantrik-Sudra-Siddhi

Wirkt auf Ischias und Lendenwirbelsäule.

Winkel-Rudern

Wirkt auf untere Rückenmuskulatur und Wirbelsäule.

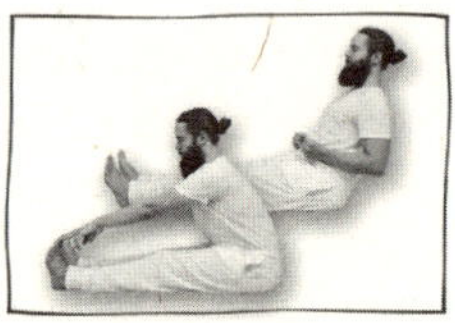

Wirbel 5

Sexual-Chakra:
Ich genieße intuitive,
sinnliche Wahrnehmungen.

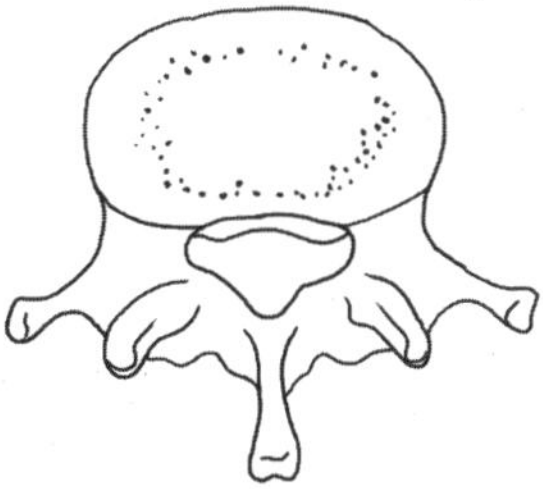

2. Pada:
Ich bin ein guter Schüler.

Verbunden mit:
meinem Dickdarm,
der für meine Fähigkeit
steht, loslassen
zu können;
meinem Unterleib
und meinem Penis
bzw. meiner Vagina
und Gebärmutter,
die die Fähigkeit haben, Neues
hervorzubringen.

Affirmation:
Ich sehe die Welt
aus einer neuen Sicht.

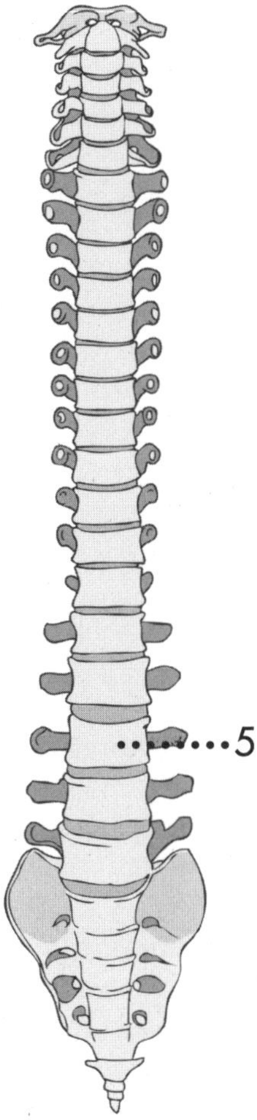

Die Reise durch Wirbel 5: »Ich übe und spüre«

Jetzt bist du schon 160 Tage (wenn du die ersten vier Kriyas wirklich jeweils 40 Tage gemacht hast) auf dem Weg. Nun zeigt sich ein Prozess, der dich die ganze weitere Seelenreise begleiten wird. Erst fast unmerklich, später deutlicher beginnt sich deine Identität zu ändern. Es passiert etwas mit dir, das von innen kommt, ohne jeden Zwang oder Erwartungsdruck von außen.

Es kann zum Beispiel sein, dass dir Alkohol allmählich nicht mehr schmeckt. Kundalini Yoga bewirkt, aus welchem Grund auch immer, bei vielen Leuten, dass sie von einem Schluck Wein schon sturzbetrunken sind. Da werden deine Freunde nicht sehr begeistert sein.

Auch die natürliche Neigung von Yogis, sich vegetarisch oder vegan zu ernähren, dürfte nicht immer in deiner Umgebung begeistert aufgenommen werden – von deinem Mann, deiner Mutter usw.

Vielleicht fängst du an, häufiger helle Farben (viel Weiß) zu tragen, weil du spürst, dass sie dich schützen. Weiß zu tragen verstärkt die Aura, das elektromagnetische Feld um dich herum. Es wird aber eine Weile dauern, bis deine Garderobe sich angepasst hat.

Rauchen und Kiffen werden nie mehr das Gleiche sein.

Und wenn du Glück hast, erfährst du eine der kleinen paranormalen Kostproben, die in dieser Phase manchmal vorkommen: einen Blick in die Zukunft, ein Heilungserlebnis, innere Klänge, eine intuitive Einsicht in Menschen.

Das alles ist letztendlich sehr ermutigend und stimuliert zum Durchhalten, weil du merkst:

Es wirkt!

Erfahrungsbericht 1979: Das kosmische Ei

Golden, hauchdünn und halb durchsichtig umgab mich das seifenblasenähnliche Ei ungefähr eine Armlänge um meinen ganzen Körper herum.

Als die Störung kam, hörte und spürte ich nichts; nur das Ei zitterte dabei leicht, wie eine Seifenblase, wenn jemand von außen dagegen pustet.

Bestimmt war es die Intensivierung meiner Entwicklung in dieser Zeit, die dieses besondere Phänomen möglich machte.

Erstens hatte ich meinen Namen geändert.[14]

»Satya Singh, Energy of Truth«, schrieb Yogi Bhajan nach einem kurzen Blick auf mein Gesicht auf den Zettel mit meinem Geburtsdatum, den ich ihm, als er in London unterrichtete, hinhielt.

Zweitens nahm ich an einer nächtlichen Sikh-Einweihungszeremonie teil. Woran ich mich dabei noch erinnere, ist, wie einer der mich einweihenden Sikhs mich umarmte und mir – Brustkorb an Brustkorb – eine heftige Atemübung zeigte. So atmeten wir frisch Eingeweihten uns durch die restliche Nacht.

Drittens war ich in den Aschram gezogen.

Ich hatte lange gezögert, aber jetzt hatte ich mein Studentenzimmer aufgegeben und wohnte in einem winzigen Zimmer in meiner Yoga-Gemeinschaft.

Dort machte ich an einem Abend die vorher beschriebene Wahrnehmung meiner eigenen Aura.

Wir hatten den Raum mit weißen Laken ausgelegt – alles war weiß und die wenigen anwesenden Leute waren natürlich auch weiß gekleidet.

Jemand spielte Harmonium.

Ungefähr anderthalb Meter schräg links von mir saß Dayal Singh, einer meiner Aschram-Mitbewohner. Er drehte sich halb zu mir um, und obwohl er sehen konnte, dass ich gerade aus vollem Herzen mitsang, wollte er mir offensichtlich etwas sagen. Ich ging aber so in dem Singen auf, dass es in mir einfach keinen Raum gab, um zu hören, was er mir sagen wollte.

Genau in dem Moment, als ich entschied, ihn komplett zu ignorieren, zeigte sich das goldene, schützende Feld um mich herum mit vollkommener Klarheit. Als er sich mit einem Schulterzucken wegdrehte, verschwand das Phänomen, das nur ein paar Sekunden gedauert hatte. Ich werde es aber nie vergessen.

Kriya: Hirnanhangsdrüse und Wahrnehmung

1. Im Stand: Komm hoch auf die Fußballen. Hebe die Arme in einem 60-Grad-Winkel mit gestreckten Ellbogen und gespreizten Fingern hoch. Halte diese Position mit Feueratem.
Zeitdauer: 1 bis 5 Minuten.

2. In Adler-Haltung: Setze deine Fußsohlen jetzt wieder flach auf den Boden. Bringe dein Gewicht auf dein rechtes Bein. Wickle dein linkes Bein um deinen rechten Oberschenkel und hake deine linken Zehen um die rechte Wade herum. Kreuze die Arme links über rechts, winkle beide Unterarme nach oben, dabei ist der linke Ellbogen oben auf dem rechten.
Bringe die Handflächen zusammen.

Halte die Position mit normalem Atem.
Zeitdauer: 1 bis 3 Minuten.
Dann wechsle die Seiten und halte für 1 bis 3 Minuten.
Die Adler-Haltung ist eine Gleichgewichtsübung. Wenn du diese Kriya zum ersten Mal übst, halte die Augen offen und auf einen Punkt fixiert. Später kannst du mit geschlossenen Augen üben. Halte dein Standbein leicht (ungefähr 5 Prozent) gebeugt. Wenn du die Hirnanhangsdrüse stimulierst, aktivierst du damit auch das dritte Auge, den Punkt zwischen den Augenbrauen, das Zentrum von Intuition und verfeinerter Wahrnehmung.

Vorbereitungsübungen

Krähe

Wirkt auf den Dickdarm.

Tantrik-Sudra-Siddhi

Wirkt auf Gebärmutter und Prostata.

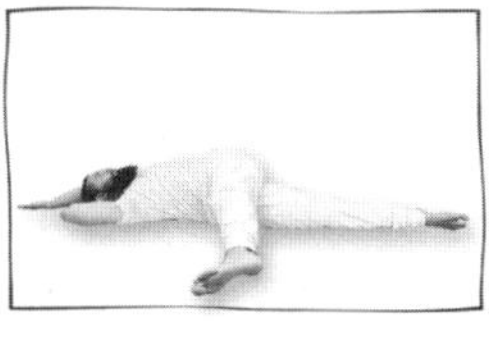

Heuschrecke

Wirkt auf Sexualorgane und unteren Rücken.

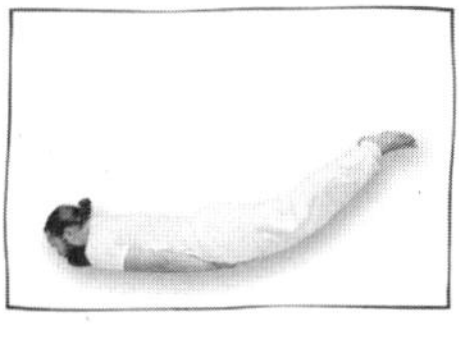

Wirbel 6

Nabel-Chakra:
Ich suche Klarheit.

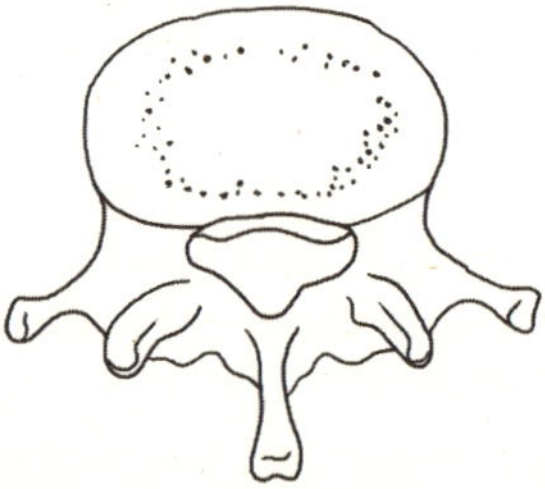

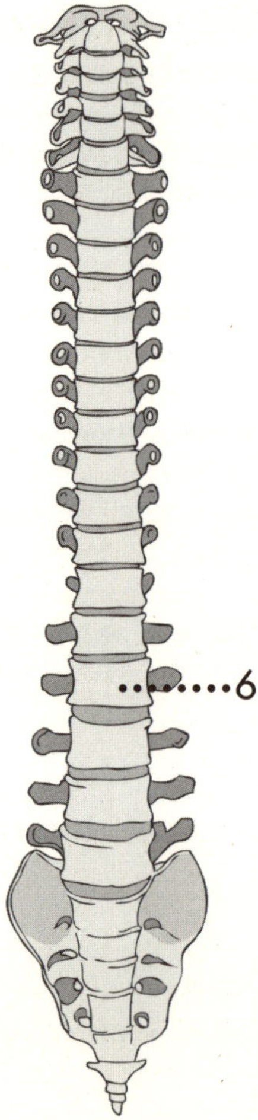

3. Pada:
Ich komme auf
den Punkt.

Verbunden mit:
meinem Blinddarm,
der Teil meines
Immunsystems ist;
den Beinvenen,
die zuständig sind
für den Rückfluss des Blutes
zum Herzen;
meinem Bauch.

Affirmation.
Ich konfrontiere mich mit
meinen Schwächen.

Die Reise durch Wirbel 6: »Ich bleibe dran«

Mit diesem Wirbel kommen wir in den Bereich des Nabel-Chakras, das mit Macht und Entschlossenheit zu tun hat. Die romantische Entwicklungsphase und deine Zeit als Lehrling sind vorüber. Du hast einen klaren Weg gefunden, bist glücklich mit den Übungen und besitzt eine einigermaßen gute Selbstdisziplin. Kurz zusammengefasst: Du bist nun ein fortgeschrittener Yogi.

Jetzt fängt dein Selbstvertrauen an zu wachsen. Das ist erst mal sehr gut. Probiere mutig, welche Türen du öffnen kannst und welche Träume wahr werden können.

Es ist jedoch nicht zufällig, dass in dem Erfahrungsbericht zu diesem Wirbel ein großartiger Lehrer auftaucht. Er zeigt sich noch in seiner gütigen Form, heilend und inspirierend. Und trotzdem handelt es sich in der Geschichte meiner ersten längeren Begegnung mit ihm gleich um einen Eingriff, eine Korrektur.

Und du kannst dir vorstellen, was passieren wird, wenn dein Ego noch größer wird, so groß, dass es deine weitere Entwicklung blockieren würde. Dann wird er dich konfrontieren und dir helfen, zu mehr Hingabe und Demut zurückzufinden.

Keiner war besser darin, diese Konfrontation anzugehen, als Yogi Bhajan. So drückte er es selbst aus:

»Die Beziehung zwischen einem Lehrer und seinem Schüler ist wie zwischen einem Meißel und einem Stein. Ich wurde so behauen durch meinen Meister, bis ich eine gute Form hatte.

So sollst du auch die Schüler, die zu dir kommen, zehnmal so gut machen, wie du selbst bist.

Du sollst sie meißeln mit deiner Seele, mit deinem Gebet, mit deiner Macht, mit deinem Bewusstsein, mit deiner Intelligenz und mit deinem Charakter …

Werde zehnmal so groß wie ich.«

Eine interessante Begegnung mit Yogi Bhajan, der 2004 seinen

Körper verlassen hat, ist auch für dich über den Tratakam-Prozess möglich, den ich dir zeigen werde.

Erfahrungsbericht 1980: Das Knie des Meisters

Der Aschram war in heller Aufregung: Yogi Bhajan würde uns besuchen! Zur Vorbereitung putzten wir alle Telefone im Haus, denn das Gerücht ging um, dass er besonders die kontrollieren würde, und wir strichen sämtliche Wände und Decken – natürlich weiß, wie sonst.

Ich betrachte es als Vorteil, dass meine Liebe zum Kundalini Yoga schon felsenfest verankert war, bevor ich dem Meister persönlich begegnete. Meine Beziehung bezog sich vorrangig auf die Lehren und nicht auf die Person des Lehrers, und das würde auch immer so bleiben. Aufgeregt war ich aber trotzdem bei der Vorstellung, ihm so direkt zu begegnen, und das manifestierte sich auf eine unangenehme Weise.

Ungefähr eine Woche vor seinem Eintreffen kündigte sich mit einem leichten Schmerz in der rechten Hüfte ein Hexenschuss an. Am Anfang konnte ich mich noch einigermaßen bewegen und sogar unterrichten – an dem Tag jedoch, als Yogi Bhajan mit seinem Gefolge bei uns hereinplatzte, kam ich nicht mehr aus dem Bett heraus. Während sich unten im Wohnzimmer der inspirierende, aber auch anstrengende Hofstaat einrichtete, was ich später, als Yogi Bhajan oft in Hamburg bei uns wohnte, so gut kennenlernen sollte, konnte ich mich vor Schmerzen nicht mal umdrehen.

Am letzten Tag seines Besuchs bekam er mit, dass unter dem Dach noch eine weitere Person im Aschram lebte. Sofort wurde jemand ins Männerzimmer geschickt: »Du sollst runterkommen.« Zum Glück ging es mir schon etwas besser, und Schritt für Schritt an die Lehne geklammert, ging ich die schmalen niederländischen Treppen runter. Als ich zögernd unten im Wohnzimmer ankam, bemerkte mich der Riese, der mit seinem rabenschwarzen Bart und seinem makellosen Turban inmitten einer Gruppe von Schülern saß, sofort.

»Ich sehe schon«, rief er, während ich noch in der Türöffnung stand, »ein verschobener Wirbel – sehr gefährlich.« Er zeigte auf den Teppich: »Leg dich hin!« Ich legte mich auf den Bauch. Er stellte sich im Kniestand neben mich. Ohne mich was gefragt oder auch nur zur Diagnose berührt zu haben, verlagerte er sein Gewicht auf sein linkes Knie. Dann streckte er sein rechtes Knie nach hinten und stieß es voller Wucht in meine Rippen …

Danach setzte er sich zufrieden wieder hin – ohne sich zu erklären. Ich nehme an, dass seine Vorstellung war: Knie trifft Rippe … Rippe trifft Wirbel … Wirbel reiht sich wieder korrekt ein … Problem gelöst. Aber vielleicht war es auch ein viel intuitiverer Prozess. Ohne von einer Wunderheilung sprechen zu können, ging es mir danach etwas besser und bald wieder gut. So fing unsere Beziehung an …

Kriya: Tratakam-Prozess

In einfacher Sitzhaltung: Konzentriere dich visuell mit ganz oder halb geöffneten Augen auf
a) die Lichtreflexionen in den Augen von Yogi Bhajan oder alternativ (wenn dir das zu viel Heldenverehrung ist)
b) auf die graublaue Stelle unter der hellgelben Flamme einer Kerze.
Starre ohne zu blinzeln in die Augen oder Flamme.
Zeitdauer: 3 bis 7 Minuten.
Dieses Foto von Yogi Bhajan wurde aufgenommen, als er in einem

sehr neutralen Zustand war. Es ist das einzige Bild von ihm, das für Tratakam geeignet ist.
Tratakam ist eine Form von meditativem Starren auf ein Objekt, wodurch der Geist ruhig wird.[15]
Es wirkt gegen Depression und Schlaflosigkeit, bringt Energie und Weisheit und fördert die Gesundheit der Augen.

Vorbereitungsübungen

Beinheben

Wirkt auf Bauch und Beine.

Frösche

Wirkt auf den Kreislauf in den Beinen.

Heuschrecke

Wirkt auf Blinddarm und unteren Rücken.

Wirbel 7

Nabel-Chakra:
Ich spüre
meinen Willen.

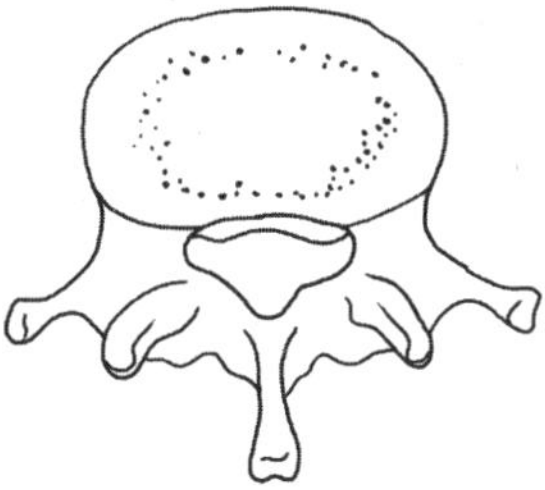

3. Pada:
Ich untersuche die Reinheit
meiner Absicht.

Verbunden mit:
meinem Hüftbeuger,
einem der mächtigsten
Muskeln des Körpers,
zuständig fürs Gehen, Treten
und Springen;
meiner Leiste, die
die Bauchorgane stützt und
Bauch und Oberschenkel
verbindet.

Affirmation:
Ich kenne meine Kraft.

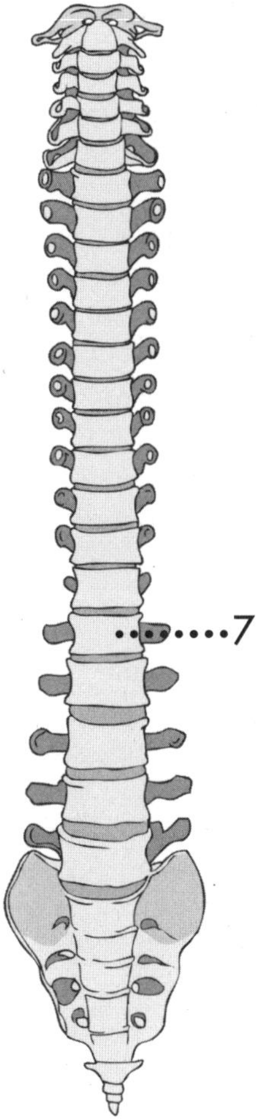

Die Reise durch Wirbel 7: »Ich ruhe in meiner Mitte«

Das Nabel-Chakra, das eine besonders intensive Beziehung zu diesem Wirbel hat, spielt eine wichtige Rolle für die Seelenreise. Die Kundalini schläft zwar in dreieinhalb Windungen aufgerollt um das erste Chakra herum, aber ohne das Nabel-Chakra würde sie wohl ewig schlafen bleiben. Der Impuls zum Wecken der Kundalini geht von der Kanda, einem sich bei diesem Chakra befindenden und damit verbundenen Organ, aus. Dort baut sich unter den richtigen Umständen ein weißes Feuer auf, das dann zum ersten Chakra fließt und die Kundalini weckt. Vielleicht haben die Funken aus dem Nabel, die in dem Erfahrungsbericht auftauchen, sogar etwas mit diesem weißen Licht zu tun.

Allerdings spielt das Nabel-Chakra nicht nur beim Wecken der Kundalini und damit beim Anfang der Seelenreise eine Rolle. Unsere gesamten Willensimpulse gehen vom Nabel-Chakra aus. Der Nabelpunkt, so wie das Chakra oft genannt wird, befindet sich 3 bis 5 cm unter dem physiologischen Nabel. Er kann sich allerdings durch Stress, Krankheit oder Überforderung verschieben und sollte dann durch Übungen wie beispielsweise dem Beinheben wieder in die Mitte gebracht werden.

Zum Wahrnehmen deines Nabelpunktes:

1. Lege dich auf den Rücken.
2. Atme ein, hebe dein linkes Bein mit möglichst gestrecktem Knie. Atme aus, bringe das Bein herunter. Atme ein, hebe dein rechtes Bein. Atme aus, bringe es herunter. Fahre so fort.
3. Zeitdauer: 3 Minuten.
4. Entspanne die Beine.
5. Bringe die Finger deiner rechten Hand zu einem Punkt zusammen (»Affenhand« genannt).
6. Lege deine linke Hand auf den Handrücken der rechten Hand.

7. Drücke die Fingerspitzen der rechten Hand tief in den Nabel.
8. Jetzt solltest du unter deinen Fingerspitzen das Klopfen des Nabelpunktes wahrnehmen.
9. Wenn du das Klopfen nicht findest, mache noch einmal die Beinhebe-Übung. Wenn du es noch immer nicht findest, entspanne und probiere es an einem anderen Tag noch mal. Versuche inzwischen, dich öfter zu entspannen und mehr Yoga zu machen.

Erfahrungsbericht 1981: Funken aus dem Nabel

»Der erstaunlichste Aspekt dieser eiförmigen Geschöpfe war eine Reihe langer Fasern, die aus der Nabelgegend kamen.«

Carlos Castaneda[16]

Die Nabhi-Kriya, eine bekannte Übungsreihe, die sich ausschließlich auf die Erweckung der Nabel-Energie richtet, hatte mich, oder besser gesagt meinen Nabelpunkt, besonders aufgeladen.

An dem Tag, an dem ich meine kleine magische Kostprobe bekam, hatte ich sie gerade zweimal angeleitet und selbst vollständig mitgemacht.

Der Unterrichtsraum im Gemeindezentrum der Westfriesischen Kleinstadt Sneek mit seinen schwarzen fensterlosen Wänden, Decken und Fußboden, dem bierpumpenbestückten, alkoholüberladenen Tresen und der schummrigen Disco-Beleuchtung war nicht gerade das ideale Ambiente für Yoga. Die überwiegend weiblichen Teilnehmerinnen schien das nicht zu stören. Sie legten ihre geblümten Freizeitmatten auf das schwarze Holz und machten eifrig mit.

Jetzt war die Entspannung an der Reihe. Ich saß wie ein guter Hirte auf meinem Schaffell und wachte über die Schülerinnen, die tief entspannt unter ihren Decken lagen.

Plötzlich klappten die großen Türen des Notausgangs des Saals auf, und ein breiter Schacht graues Licht fiel in den dämmrigen Raum, im Gegenlicht waren zwei bedrohliche schwarze Silhouetten zu erkennen: grobschlächtige Männer mit Lederjacken und rasierten Köpfen.

»Hey«, sagte einer der beiden grölend, »was ist hier los?«

Ich musste meine Schülerinnen schützen!

Also stand ich auf und ging entschlossen auf die einen Kopf größeren Männer zu.

Kaum hatte ich die ersten Schritte getan, als aus meinem Nabelpunkt, gut sichtbar, weil ich mich noch im dämmrigen Teil des Raumes befand, nacheinander zwei große Funken herausplatzten. Neben dem kleinen weißen Blitz erzeugten sie sogar ein leises knisterndes Geräusch, ähnlich wie ein Feuerzeug, das angeknipst wird.

Die beiden Männer drehten sich wortlos um und verließen den Raum. Ob sie auch was gesehen hatten? Ich setzte mich ruhig wieder hin und dachte natürlich: Schau mal, da kommen meine magischen Kräfte!

Im Moment, wo ich dies schreibe, bin ich fast 40 Jahre und unzählbare Yogastunden weiter – dieses Phänomen hat sich nie wiederholt.

Solche Erfahrungen werden im Yoga zurückhaltend als »Funken, die aus dem Feuer springen« beschrieben. Das Feuer ist das, was allmählich dein Herz öffnet; die Funken dienen lediglich zur Illustration dieses Prozesses.

Kriya: Kampfgeist

Im Stand: Spreize die Beine so weit wie möglich. Die Ellbogen sind angewinkelt, sodass die Unterarme parallel zum Boden zeigen. Die Handgelenke und Hände bleiben entspannt.
Rotiere nun mäßig schnell mit den Hüften.
Zeitablauf:
1 bis 3 Minuten im Uhrzeigersinn
und
1 bis 3 Minuten gegen den Uhrzeigersinn.
Entspanne danach.
Die Kriya wirkt auf das 3. Chakra und stärkt die Durchsetzungsfähigkeit und Klarheit.

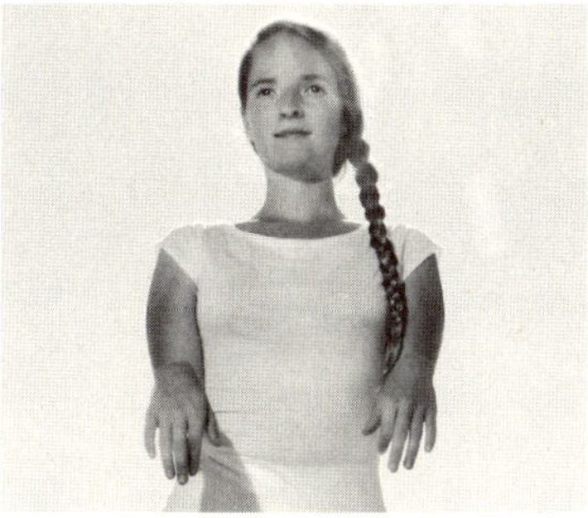

Vorbereitungsübungen

Krähe

Wirkt auf die Leiste.

Beinheben

Wirkt auf den Hüftbeuger.

Frösche

Wirkt auf Leiste und Hüftbeuger.

Wirbel 8

Nabel-Chakra:
Ich kann mich wehren.

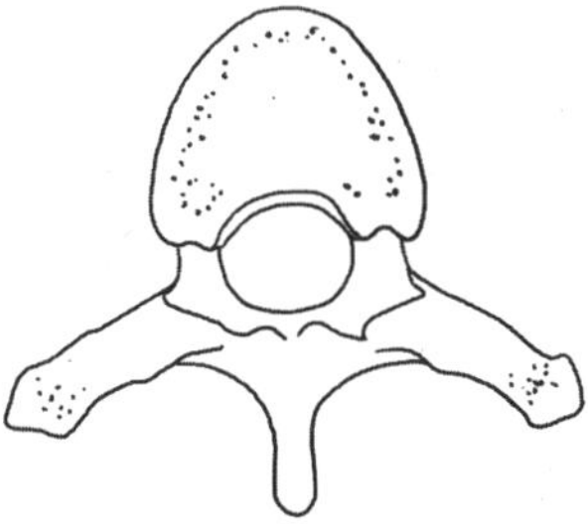

3. Pada:
Ich benutze meine Kraft
verantwortungsvoll.

Verbunden mit:
meinem Lymphsystem,
Teil der Immunabwehr
des Körpers;
meinen Bauchmuskeln,
die mich aufrichten
und schützen;
meinem Dünndarm,
der mich nährt.

Affirmation:
Ich kann meine Werte
verteidigen.

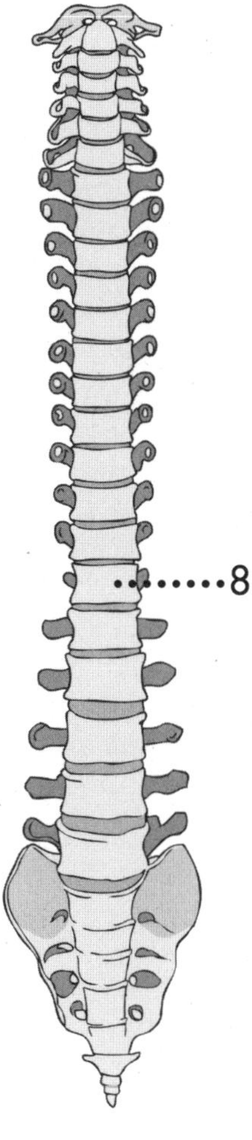

Die Reise durch Wirbel 8: »Ich übernehme Verantwortung«

Kundalini Yoga ist mehr als Haltungen, Atem, Meditation und Philosophie. Es ist ein Dharma, ein spiritueller Lebensstil, der praktisch keinen Aspekt von Körper, Geist oder Seele auslässt. Dazu gehört die Aussage: vom Ego-Bewusstsein über das Gruppenbewusstsein zu universellem Bewusstsein. Mit anderen Worten: Wir übernehmen nicht nur Verantwortung für uns selbst, sondern auch für eine zunehmend wachsende Gruppe von Menschen um uns herum. Das bedeutet – trotz des fragwürdigen Überlebensseminars aus meinem Erfahrungsbericht –, dass die ritterlichen Ideale des Kundalini Yoga wichtige Werte sind.

Um diese umsetzen zu können, beherzige die folgenden Hinweise.

1. Übe regelmäßig Kampfkunst – und sei es nur, um Klarheit und Disziplin zu lernen. Besonders empfehlenswert sind: Gatka, herzorientierte Stock- und Schwert-Kampfkunst, die verwandt ist mit Kundalini Yoga. Auch geeignet sind Taekwondo, Karate, Aikido oder Kung-Fu.
2. Gehe nie in die Opferrolle, sondern übernimm die volle Verantwortung für die Umstände, was immer auch passiert. Diese Haltung brauchst du, um Krisen gut begegnen zu können.
3. Fordere beim Yoga deine Grenzen heraus – natürlich ohne dich zu verletzen –, damit Wachstum möglich ist. »Halte durch …« – »Du schaffst es …« – »Bleib dabei …«
4. Bewahre deine Souveränität und dein Recht auf Selbstbestimmung und sei bereit, Schwächeren zu helfen, die sich selbst nicht schützen können.

Allerdings: Behalte die Ethik der Gewaltfreiheit und die Wichtigkeit des Friedens im Auge. Schützende Gewalt ist immer die allerletzte Option, wenn alle anderen Möglichkeiten ausgeschöpft oder gescheitert sind.[17]

Erfahrungsbericht 1982: Überlebens-Yoga

Variation auf einen bekannten Witz:

»Wie viele Yogis braucht es, um eine Glühbirne auszuwechseln?«

Die Antwort: »Zwei: Einer fragt Yogi Bhajan. Der andere wechselt die Glühbirne.«

Der Meister hatte viel mitzureden, und bestimmt war er sich aufgrund seiner sorgfältig aufgebauten politischen Kontakte besser als wir bewusst, wie gefährlich die Situation damals in den 1980er-Jahren aufgrund des drohenden Atomkrieges war. Auf seine Empfehlung hin machten wir in dieser Zeit zum Beispiel Überlebensübungen im Aschram.

So speicherten wir in unserem Keller Eimer mit Weizen. Einmal wöchentlich sollten wir ein »Weizenbeeren-Fasten« zur Reinigung des Verdauungssystems machen und um zu üben, von diesen Vorräten zu leben. Weizenbeeren sind Weizenkörner, die eine Nacht lang auf niedriger Flamme geköchelt werden, damit sie aufquellen und rund und knackig werden – in der Konsistenz sind sie tatsächlich beerenähnlich, im Geschmack leider überhaupt nicht. Sie schmecken am ehesten wie Pappe, und die meisten Aschram-Mitglieder fanden kreative Gründe, auf diese Diät – leider! – verzichten zu müssen.

Einmal stellten wir für ein Wochenende im Aschram Wasser und Elektrizität ab, um uns unserer Abhängigkeit von diesen Systemen bewusst zu werden; Wasser kam also aus der vorher gefüllten Badewanne und Licht durch viele Kerzen.

So hoffnungslos naiv diese Übungen im Angesicht eines echten Nuklearkrieges auch gewesen wären, an sich waren sie keine schlechte Idee; im Gegensatz zu einem Yoga-Überlebens-Seminar in New Mexico, für das ich mich anmeldete – mit etlichen romantischen Vorstellungen über die ritterlichen Ideale des Kundalini Yoga im Kopf. Dieser ärmste US-Bundesstaat, in dem sich der weltweit größte Kundalini-Aschram befindet, liegt als Teil der Colorado-Hochebene auf 2000 Meter Höhe. Das macht die wüstenähnliche, karge Landschaft besonders magisch.

Aber so bezaubernd wie die Umgebung auch war, das Seminar mit Yogis in Tarnanzügen, die lernen, die Vorräte ihrer Gemeinschaft im Fall eines Armageddon zu schützen, war ethisch fragwürdig (darf man das mit unserer Selbstverpflichtung zu Gewaltlosigkeit?) und ansonsten für mich nur unangenehm. Natürlich gab es ein paar Leute, für die das »great fun« war. Ich lernte höchstens ein paar Dinge, die ich eigentlich nicht wissen wollte, zum Beispiel dass sich das Bewusstsein zu einem Tunnelblick verengt, wenn man restlos erschöpft ist, und dass es nach einem glühend heißen Tag in der Wüste eisig kalt wird, wenn man nachts Wache unter dem hellen Vollmond schiebt.

Das Seminar musste zu meiner großen Erleichterung außerplanmäßig nach vier Tagen abgebrochen werden. Obwohl es schon Mai war, fing es heftig an zu schneien – und es sah nicht so aus, als ob der Schneeschauer in absehbarer Zeit aufhören würde.

Kriya: Fäuste der Wut

In einfacher Sitzhaltung: Ziehe eine leichte Nackenschleuse, bestehend aus einem leicht angehobenen Brustbein, einem lang gestreckten Hals und einem leicht angezogenen Kinn.

Balle deine Hände zu Fäusten mit den Daumen nach innen – die Daumenspitzen sollen dabei den Ballen des kleinen Fingers berühren (den sogenannten Merkur-Hügel; Merkur steht für Intelligenz). Wenn die Finger sich über dem Daumen schließen, verliert das Ego an Kraft.
Fange an, in einer schwingenden Bewegung große Kreise abwechselnd im Uhrzeigersinn und gegen den Uhrzeigersinn über deinem Kopf zu drehen.
Atme kräftig im Rhythmus der Bewegung durch den zu einem O geformten Mund ein und aus.
Lass durch die Bewegung jegliche Wut, die du in dir trägst, in dir hochkommen. Deine Wut wird der Bewegung eine große Intensität geben; viel Prana (Lebensenergie) wird in dich hineinströmen.
Zeitdauer: 3 Minuten.
Zum Schluss der Übung verschränke die Finger, strecke die Arme über den Kopf und atme durch deinen O-Mund ein. Atme explosiv durch den Mund aus wie ein Kanonenschuss. Wiederhole diesen Kanonen-Atem dreimal. Kanonen-Atem dient dazu, die Energie über den ganzen Körper zu verteilen.
Entspanne danach.
Solange du noch alte Wut in dir trägst, wirst du in Krisensituationen immer unüberlegt reagieren. Um zuverlässig Verantwortung übernehmen zu können, ist es wichtig, diese alten Verletzungen zu heilen.

Vorbereitungsübungen

Becken-Hüpfen

Wirkt auf Lymph- und Immunsystem.

Beinheben

Wirkt auf Bauchmuskeln und Dünndarm.

Winkel-Rudern

Wirkt auf die Bauchmuskeln.

Wirbel 9

Herz-Chakra:
Ich brauche eine
authentische Beziehung.

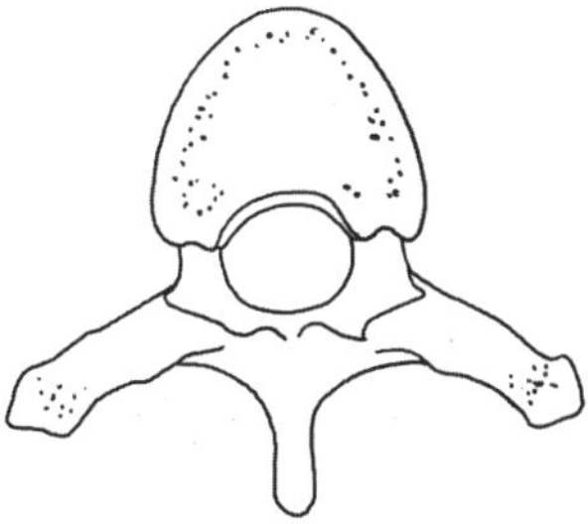

3. Pada:
Ich dehne mich aus.

Verbunden mit:
meinen Nieren, die
den Körper reinigen;
der Gebärmutter und den
Eierstöcken, den weiblichen
Organen, die das Leben
hervorbringen.

Affirmation:
Ich liebe es, durch jemand
inspiriert zu werden.

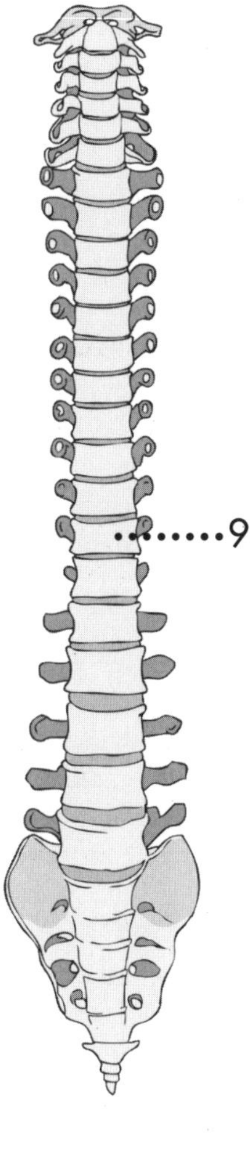

Die Reise durch Wirbel 9: »Ich habe gute Weggefährten«

Du merkst es: Wir haben auf unserer Reise das Chakra gewechselt. Jetzt sind wir im Bereich des Herz-Chakras, das für Wertschätzung, Empathie, Liebe und Partnerschaft zuständig ist.

Dem Thema Partnerschaft kann sich kein Mensch entziehen. Selbst wenn du noch nie einen Partner hattest, gibt es bestimmt eine ganze Reihe davon in deinen früheren Leben. Und wenn du jetzt keinen hast und denkst, dass du in diesem Leben auch keinen mehr treffen wirst, kannst du sicher sein, dass noch eine Reihe Partner in zukünftigen Leben auf dich warten. Es gibt sogar ein Mantra, das deinen nächsten Partner dabei unterstützt, an seinen Problemen zu arbeiten, damit er schneller zu dir kommen kann.[18]

Aus Sicht des Yoga befindet sich also jeder Mensch entweder jetzt in einer Partnerschaft oder demnächst in einer Partnerschaft. Und das ist auch gut so und sogar notwendig für unsere geistige Entwicklung. Partnerschaft als Ausdehnung des Bewusstseins ist ein essenzieller Schritt in die Reise zum All-Bewusstsein.

Eine Empfehlung für die Partnerwahl: »Suche erst deinen Weg und dann deinen Partner.«

Es ist natürlich sehr hilfreich, wenn zwei Menschen die Seelenreise miteinander unternehmen und sich dabei unterstützen.

Als Hilfe bei der Suche gibt es hier ein paar Hinweise, wie du authentische Liebe für dich erkennen kannst:
Liebe ist, wenn in einer Beziehung

1. deine Energie hochkommt
2. dein Leben eine neue Bedeutung bekommt
3. du anfängst, positiver zu denken und zu leben
4. du die Erfahrung von Selbstlosigkeit machst
5. die Kraft, die das Unmögliche möglich macht, in dir freigesetzt wird
6. die Partnerschaft dich zur Unendlichkeit führt.

Erfahrungsbericht 1983: Wenn die Zeit reif ist …

»Mach dir keine Sorgen, ich finde eine gute Partnerin für dich«, sagte Yogi Bhajan (in einem meiner wenigen Träume, in denen er vorkam).

Kleine Beichte: Es war kein Zufall, dass meine belgische Tantra-Partnerin mit den Grübchen kurz vor mir in den Aschram einzog. Gleich am Anfang meiner Aschram-Karriere war das die erste von vielen Verliebtheiten, aus der nicht mehr wurde. Dass diese Beziehungen immer wieder scheiterten, relativierte allerdings allmählich meine Abhängigkeit von Liebe, die für jede Partnerschaft eine übermäßige Belastung gewesen wäre.

Der Wendepunkt kam, als ich nach einem wieder mal herzzerreißenden Schluss mit jemandem entschied: »Ich kann auch allein glücklich werden.« Ich richtete mir auf dem Dachboden unseres Golden-Temple-Restaurants eine schöne kleine Wohnung ein und war mit meinem Leben als Single recht zufrieden. Lange dauerte das allerdings nicht. Die Tatsache, dass ich meine chronische Beziehungsabhängigkeit einigermaßen gelöst hatte, machte mich offensichtlich bereit für den nächsten Schritt.

Es fing an mit einem Überlebens-Camp in den französischen Alpen, wo wir mit 20 Leuten 10 Tage mehr schlecht als recht von dem lebten, was die Natur uns lieferte. Das war in dieser Saison und Höhenlage recht wenig, wie sich bald herausstellte. Die Hälfte der Teilnehmer meuterte und verschwand zurück in die Zivilisation. Mit der anderen Hälfte landeten wir kraftlos bei einem Abwasserrohr irgendwo an einem Berg, wo es wenigstens winzige Walderdbeeren und bittere Äpfelchen gab. Während wir dort ausharrten, unterstützte mich eine junge Frau indonesischer Abstammung bei meiner durch meine Kurzsichtigkeit bedingten mageren Erdbeerlese.

Nach dem Camp fuhren wir alle zum Yoga-Festival, wo ich dieser Frau auf dem Hauptpfad des Festivalgeländes wieder begegnete. Sie blieb stehen, schaute mich an, und als ich lächelte, sagte sie: »Ich bin an dir als Mann interessiert.« Ich war gerührt – war aber meinerseits nicht wirklich interessiert und sagte ihr das so vorsichtig wie möglich.

Als ich mich umdrehte, stand da Simran Kaur, mit der ich gerade drei Tage Weißes Tantra gemacht hatte, wobei wir entdeckt hatten, dass wir wunderbar miteinander reden konnten.

Sie sagte: »Ich suche einen Mann, und ich denke, du könntest das sein.«

Wir sind jetzt schon seit 35 Jahren glücklich verheiratet.

Kriya: Göttlicher Partner

Hilfreich sowohl für diejenigen, die einen Partner oder eine Partnerin haben, wie auch für die, die momentan Single sind.

In einfacher Sitzhaltung: Bringe deine Hände ins Lotus-Mudra:
Die Handballen berühren sich vor dem Kinn; die Finger sind gleichmäßig gespreizt, die Spitzen von Daumen und kleinen Fingern berühren sich.
Die Augen bleiben geöffnet. Versuche, die geöffneten Augen so wenig wie möglich zu bewegen, und blinzele so wenig wie möglich.
Konzentriere dich in deiner Vorstellung auf die Augen eines imaginären Partners, eines Wesens voller Licht.

Singe das Mantra: HAMI HAM TUMI TUM WAHE GURU.
Zeitdauer: 7 bis 31 Minuten.

Vorbereitungsübungen

Katze-Kuh

Wirkt auf Nieren und Nebennieren.

Tantrik-Sudra-Siddhi

Wirkt auf Unterleibsorgane und Becken.

Winkel-Rudern

Wirkt auf Bauchmuskeln und Wirbelsäule.

Wirbel 10

Herz-Chakra:
Ich strebe nach
Selbstlosigkeit.

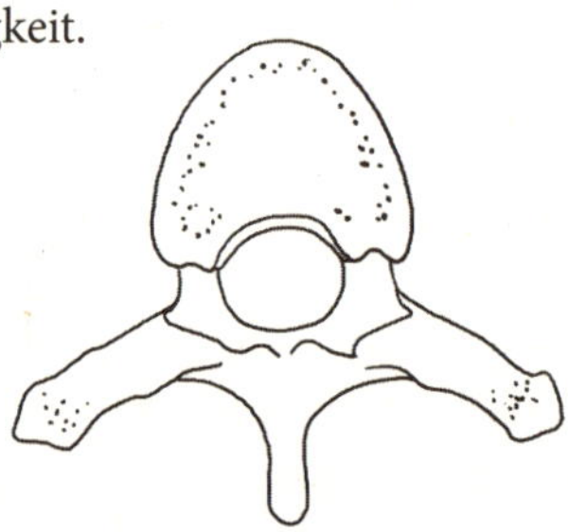

3. Pada:
Ich übe Empathie.

Verbunden mit:
meiner Bauchspeicheldrüse,
die den Zuckerhaushalt
meines Körpers regelt.

Affirmation:
Ich liebe Gegensätze.

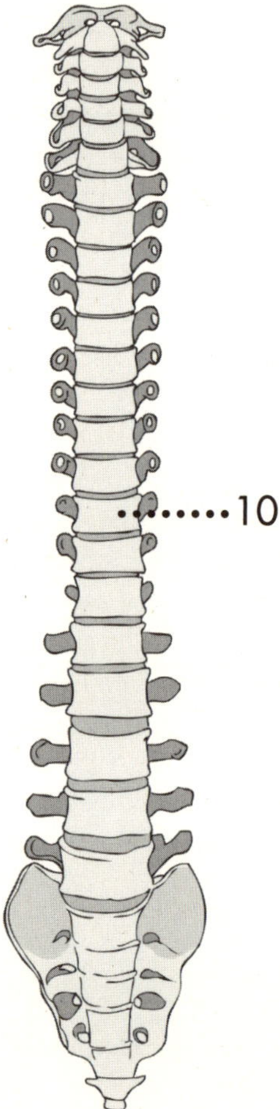

Die Reise durch Wirbel 10: »Ich empfinde selbstlose Liebe«

Es gab in dem Amsterdamer Aschram zwei grundsätzliche Regeln für den Umgang zwischen unverheirateten Männern und Frauen:

1. keine Mann-Frau-Massagen;
2. wenn ein Mann und eine Frau zusammen auf einem Zimmer sind, dann soll die Tür (wenigstens einen Spaltbreit) offen bleiben.

Diese Regeln sollten 20 junge, gesunde, energiegeladene Männer und Frauen dabei unterstützen, nur gut überlegte Beziehungen zueinander einzugehen.

Kundalini Yoga ist ein tantrisches (das bedeutet »männliche und weibliche Energie verwebend«) Yoga. Sexualität und die große Lebensfreude, die sie uns ermöglicht, haben darin einen wichtigen Platz.

Trotzdem streben Yogis danach, ihre Sexualität auf verbindliche Beziehungen zu begrenzen.

Zum einen aus der Wahrnehmung heraus, dass durch die sexuelle Vereinigung gegenseitige energetische Prägungen stattfinden, die sich beim Beenden einer Beziehung nicht spur- und schmerzlos auflösen lassen, sodass kurze sexuelle Kontakte unangenehme energetische Spuren hinterlassen.

Zum anderen, weil nur in verbindlichen Beziehungen genügend Vertrauen besteht, um das tiefe Einssein, das wir in der sexuellen Begegnung suchen, möglich zu machen. Wir streben nach »Saibhang«, der selbstlosen Liebe, die wir nur durch völlige Hingabe erreichen können. Saibhang ist eine Intensität in einer Beziehung, die »eine Seele in zwei Körpern« genannt wird und die ein sehr großes Wachstum für beide mit sich bringt.

Erfahrungsbericht 1984: Wer interveniert da?

»Es gibt verschiedene Sorten von Liebe: Hollywood-Liebe, Kuschel-Liebe, Wir-teilen-alles-Liebe, blinde Liebe ... und dann gibt es die Liebe der Unendlichkeit, in der du alles gibst und nichts brauchst ...«

Yogi Bhajan

Hatte ich mich in Frankreich noch zurückhaltend gezeigt: »Ja, in etwa fünf Jahren kann ich mir eine Ehe eventuell vorstellen«, war ich ein halbes Jahr später so richtig verliebt. Alle paar Tage flogen zehnseitige Briefe zwischen dem Hamburger Aschram und dem in Amsterdam hin und her.

Jetzt würde sie zu Besuch kommen. Ich hatte mir für die Gelegenheit Gurupartaps Einzelzimmer ausgeliehen und machte natürlich die Tür zu – ich bin doch alt genug, oder?

So saßen wir auf Gurupartaps Bett, dem einzigen Möbelstück in dem Zimmer, und hatten ein langes und wunderschönes Gespräch. Dabei schob ich mich allerdings, fast ohne es zu merken, immer etwas dichter an sie heran – bis zu dem Moment, wo sich praktisch ohne meine bewusste Kontrolle mein linker Arm hob und sich äußerst langsam auf den langen Weg zu ihren Schultern begab ...

In genau dieser unendlichen Sekunde schoss aus der Decke ein Strahl Wasser auf mich herunter, genug, um mich – und nur mich – pitschnass zu machen; selbst das Bett wurde kaum nass.

Der Arm war schlagartig wieder unten, der Moment vorbei, und es dauerte lange, bis wir vor Lachen wieder einigermaßen atmen konnten.

Und nein, es gab keinen nassen Fleck an der Decke.

Und nein, es gab kein Waschbecken im Zimmer darüber.

Und auf spätere Nachfrage: Nein, Gurupartap hatte so was noch nie erlebt. Würde er sonst sein Bett dorthin stellen?

Ein paar Monate später verlobten wir uns bei einem Tantra-Kurs an der Nordsee, den Yogi Bhajan in den Dünen unterrichtete: »Geht und vermehrt euch«, gab er uns seinen fast biblischen Segen.

Und jetzt fand die erste Berührung statt: Wie unglaublich schön fühlten sich ihre Wange und ihr Turban an, während eine Gruppe Italiener ein paar Tische weiter mehrstimmige Lieder sang – unvergesslich!

Beim nächsten Yoga-Festival heirateten wir.

Kriya: Der Wunderbogen

Im Stand: Die Füße stehen mit den Fersen zusammen, die Zehen zeigen nach außen.
Die Arme sind hochgestreckt, die Oberarme berühren noch leicht die Ohren.
Die Handflächen zeigen nach vorne. Ziehe und halte dabei Mulbandh (siehe Seite 35 f.).
Mit den Beinen 95 Prozent gestreckt, beuge dich jetzt mit Lendenwirbelsäule, Brustwirbelsäule, Schultergelenken und Halswirbelsäule (die Arme bleiben noch immer an den Ohren) zurück, sodass ein Bogen nach hinten entsteht.
Zeitdauer: 2 Minuten.
Aus dieser Haltung komme sehr langsam so weit wie möglich nach vorne (die Arme bleiben dabei an den Ohren), bis deine Hände den Boden berühren. Entspanne dann Mulbandh.

Atme ein, halte den Atem und drücke in einer rhythmischen Bewegung den Nabel einige Male ein und aus.
Atme aus, halte den Atem aus und drücke wieder den Nabel ein und aus.
Zeitdauer: 2 Minuten.
Löse langsam die Haltung und entspanne.
Die Übung hat eine starke heilende Wirkung und öffnet das Herz.

Vorbereitungsübungen

Katze-Kuh

Wirkt auf Nieren und Nebennieren.

Windmühle

Wirkt auf Blinddarm und Iliosakralgelenk.

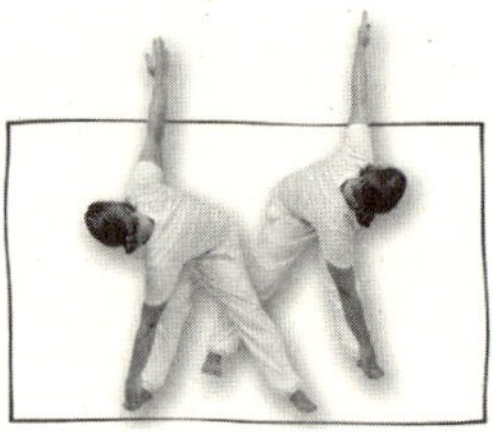

Winkel-Rudern

Wirkt auf Rückenstrecker und Bauchspeicheldrüse.

Wirbel 11

Herz-Chakra:
Ich liebe und werde geliebt.

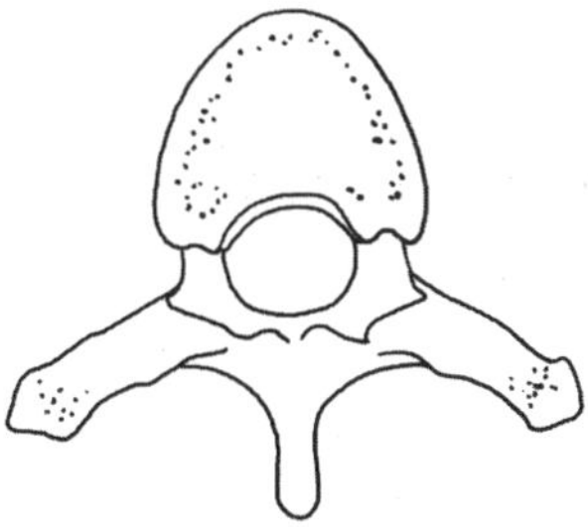

3. Pada:
Kinder sind Teil meiner Zukunftsvision.

Verbunden mit:
meiner Gallenblase, die die Fettverdauung meines Körpers reguliert;
meiner Milz, die Blut- und Immunzellen produziert und abbaut.

Affirmation:
Ich kann entspannt mit Stress umgehen.

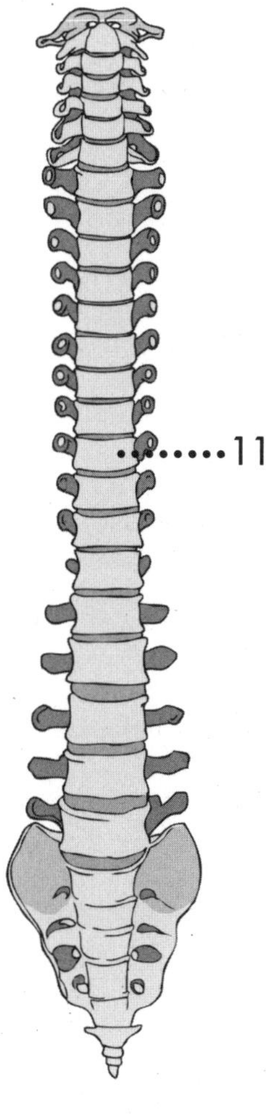

Die Reise durch Wirbel 11: »Ich liebe Kinder«

Kinder zu haben gehört zu der Seelenreise dazu (das können auch Adoptiv- oder Patenkinder sein).

Dabei ist uns eine auf Yoga basierende Geburtsbegleitung wichtig. Wir gehen davon aus, dass während der ersten 120 Tage nach der Empfängnis die Seele noch nicht in den heranwachsenden Fötus eingegangen ist. Es kann sogar sein, dass verschiedene Seelen überlegen, in den kleinen Körper zu inkarnieren. Deshalb empfehlen wir in dieser Phase eine tägliche Meditation[19], um eine hochgestimmte Seele in den heranwachsenden Fötus einzuladen.

Am 120. Tag gibt es eine kleine Feier, mit der Freunde und Verwandte die gerade inkarnierte Seele willkommen heißen und der Mutter ihre Unterstützung anbieten.

Ab dem 120. Tag bis zur Geburt wird noch eine andere Meditation[20] für den Fötus empfohlen. Diese Zeit eignet sich besonders gut, das Karma (die Konsequenzen von in vergangenen Leben begangenen Taten) des heranwachsenden Kindes positiv zu beeinflussen beziehungsweise zu entfernen.

Für die Geburt selbst streben wir danach, sie so natürlich wie möglich stattfinden zu lassen. Wenn sie dann doch anders als geplant verläuft, können wir das mit Liebe immer ausgleichen.

Nach der Geburt ist es gut, wenn die Mutter 40 Tage lang Unterstützung bekommt, damit sie sich ganz dem Neugeborenen widmen kann.[21] Das Baby kann dann in aller Ruhe anfangen, zu wachsen und sich zu entwickeln.

Die wichtigste Einsicht für die weitere Entfaltung des Kindes ist: Du bist die spirituelle Lehrerin, der spirituelle Lehrer für dein Kind. Das bedeutet auch für dich einen enormen Wachstumsprozess, der dir sogar die Erleuchtung bringen kann, wenn du es schaffst, ein Kind auf die richtige Weise groß werden zu lassen.

Es gibt dabei folgende Leitsätze:

1. Liebe deine Kinder.
2. Baue deren Selbstrespekt auf.
3. Fordere sie heraus.
4. Höre ihnen zu.
5. Erwarte Respekt.
6. Gib Rhythmen und einen Rahmen vor.
7. Bringe sie in Kontakt mit dem Göttlichen in ihrem Herzen.
8. Ermutige das Lernen in jeder Phase.
9. Vermittle ihnen eine Beziehung zur Gemeinschaft.
10. Lass sie los …

Erfahrungsbericht 1986: Kinder auf 4633 Meter Höhe

»An diesem Ort, wo der Berg Hemkunt durch sieben weitere Gipfel verziert wird, gibt es den Eissee Sapatsring, wo König Pandu Yoga machte.«

Guru Gobind Singh

Fast alle Kinder hatten schon lange den noch größtenteils mit Eis bedeckten See erreicht, als die letzten Erwachsenen endlich oben ankamen, dort, wo das kleine und selbst schon hoch gelegene Kesseltal im Himalaja noch von sieben gigantischen Gipfeln rundum überragt wird.

In dieser schwindelerregenden Höhe herrschte eine so erhabene Energie, dass ich bald das Bedürfnis spürte, alleine zu sein und zu meditieren. So wie früher wahrscheinlich den großen Yogis, die hier Tausende Jahre lang ihre Übungen machten, schien mir ein viereckiger Felsblock, der an der anderen Seite des Sees aus dem Schnee herausragte, am besten für meine Meditation geeignet.

Mit einem Stock den Gletscherboden vor meinen Füßen auf versteckte Löcher untersuchend, machte ich mich auf den Weg dorthin – dass die anderen nach zwei Tagen Bergbusfahrt und anderthalb Tagen Klettern alle am Anfang des Tals blieben, ließ mich vorsichtig vorgehen.

Als ich schließlich mein Schaffell aus dem Rucksack holte und mich auf den Stein setzte, donnerten, als ob ich einen Schalter umgelegt hätte, Tausende Meter über mir riesige Felsblöcke den Berg runter, so weit entfernt allerdings, dass das lautlose Poltern irgendwo spurlos am endlos hohen Hang versandete – aber der Ort schien mich zu begrüßen.

Nach meiner Meditation ging ich zurück zu den Kindern und Kollegen, wo wir im Eiswasser des Sees badeten, bis unsere Muskeln fast vor Kälte gelähmt waren und wir uns schnell in der Sonne aufwärmen mussten.

Es war mein erster Besuch in Indien. Ich arbeitete einen Monat lang in einem indischen Internat in Dheradun mit, wo damals etwa 50 hauptsächlich amerikanische Yogi-Kinder mehr schlecht als recht integriert waren.[22] Diese Reise machte ich aus einem sehr speziellen Grund – ich wollte herausfinden, ob ich als etwas eremitenhaft veranlagter Yogi mir vorstellen konnte, selbst Kinder zu haben.

Es hatte aber nichts mit Kindern zu tun, dass ich mich nach dem Bad plötzlich schwindlig und übel fühlte: Die Höhenkrankheit hatte mich ereilt. Zwei kräftige, junge indische Sikhs, deren besonderes Seva[23] es war, nach Leuten mit diesem Problem (ungefähr ein Drittel der Besucher werden davon befallen) Ausschau zu halten, griffen mir unter die Arme – und zu dritt rannten wir in der Abenddämmerung den Pfad über den Gletscher in ein paar Stunden wieder runter – und im Dorf ging es mir bald besser.

Die tapferen, kleinen Yogis aber hatten mein Herz berührt – und Jahre später fanden unsere Tochter und unser Sohn (die Models auf den Bildern in diesem Buch) ebenfalls den Pilgerweg in die schwindelnde Höhe des Hemkunt.

Kriya: Für Gruppenbewusstsein

In einfacher Sitzhaltung: Die Hände liegen auf den Knien in Gyan-Mudra (Daumen- und Zeigefingerspitzen zusammen, die anderen Finger gestreckt).
Die Augen sind zu 10 Prozent geöffnet und nach unten gerichtet.
Während du den Rücken gerade hältst, fängst du an, jedes Segment der Wirbelsäule und damit jeden Teil deines Körpers bewusst zu entspannen.
Zeitdauer: 3 bis 11 Minuten.
Strecke kurz die Beine aus.
Wiederhole diese Übung: 3 bis 11 Minuten.
Diese Übung fördert eine Sensitivität, durch die du dich gut mit einem Team, einer Familie oder einer Gruppe verbinden kannst.
Deine Aura dehnt sich aus.
Du weißt, was Menschen um dich herum vorhaben und spürst auch eventuelle Gefahren.

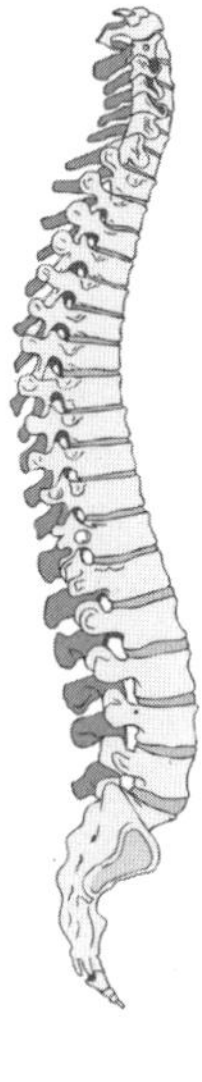

Vorbereitungsübungen

Heuschrecke

Wirkt auf unteren Rücken und Milz.

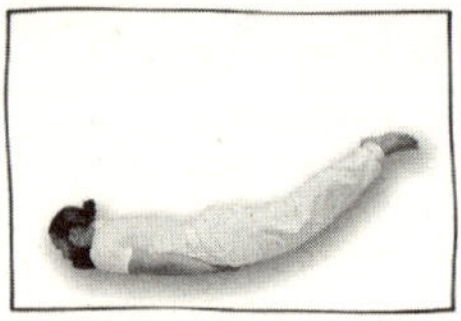

Windmühle

Wirkt auf Milz und Leber.

Katze-Kuh

Wirkt auf Nebennieren und Gallenblase.

Wirbel 12

Herz-Chakra:
Ich spüre meine
Lebensenergie.

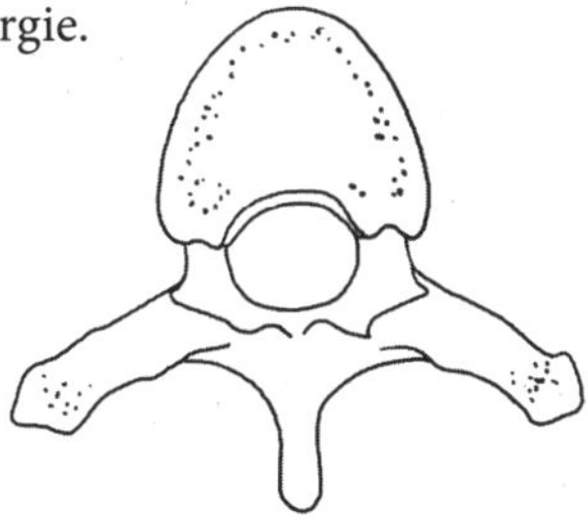

3. Pada:
Ich stehe zu meinen Werten.

Verbunden mit:
meinen Nebennieren,
die mich stimulieren
und schützen;
meinen Bauchmuskeln,
die meinen Körper aufrecht
halten und meine
Bauchorgane schützen.

Affirmation:
Ich schätze Gegenargumente.

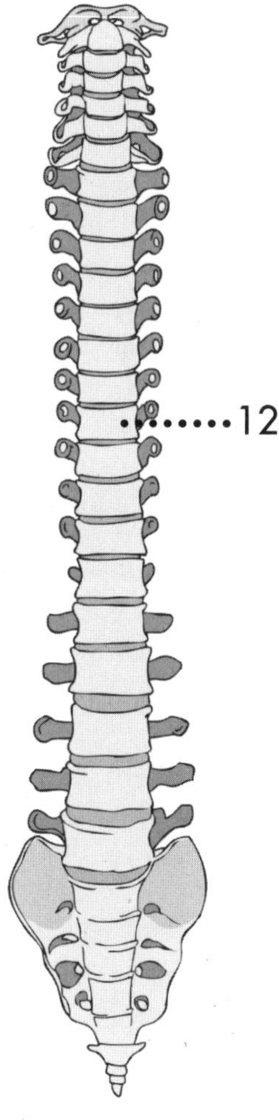

Die Reise durch Wirbel 12: »Ich schütze mein Herz«

Hat selbstlose Liebe Grenzen? Ja und nein. Du liebst alles und alle, weil es und sie Teil der göttlichen Einheit sind. Du kannst aber andere nur unterstützen, solange deine Herzenskraft reicht. Bei dem 12. Wirbel und der entsprechenden Rippe steht nach Auffassung des Yoga das Prana, die Lebensenergie, im Zentrum. Das bedeutet, dass wir hier viel Energie zur Verfügung haben. Wenn aber die Grenzen irgendwann erreicht sind, sind wir im Kundalini Yoga auch bereit, unser Herz zu schützen.

Ein paar Regeln, die bei Konflikten gut einzusetzen sind:

1. Achte auf deinen Atem.
Wenn dein Atem kurz und unregelmäßig wird, geht das Gespräch in die falsche Richtung. Mach eine Pause. Trink ein Glas Wasser. Nimm ein paar tiefe Atemzüge.

2. Gehe nicht in die Opferrolle.
Sei dankbar auch für das, was schwierige Lebensumstände dich lehren können.

3. Handele nicht aus der Reaktion heraus.
Lass deinen negativen und deinen positiven Geist ihre Bewertungen abschließen und handele dann aus dem neutralen Geist.

4. Segne jeden Menschen, der dich angreift.
Jeder, der dich angreift, ist sowohl dein Schüler wie dein Lehrer.

5. Isoliere dich nicht von deiner Gemeinschaft.
Du brauchst den Rat unbeteiligter Freunde, um im Konflikt nicht in Egoismus abzudriften.

6. Kultiviere dein »Gatka«.
Ein Gatka war ursprünglich eine Bremse am Wasserrad, die dafür sorgte, dass das Rad nicht rückwärts drehen kann. Hier deutet der Begriff auf das, was dich davon abhält, in destruktives Verhalten zurückzufallen, wenn der Stress zu groß wird, zum Beispiel: Atme tief, singe in Gedanken ein Mantra, schicke Liebe aus deinem Herzen.

7. Mach eine Pause.
Viele Probleme lösen sich auf, wenn du eine Pause einlegst. Das ist eins deiner Grundrechte. Ziehe dich zurück, trinke Wasser, telefoniere mit Freunden. Kehre erst zum Konflikt zurück, wenn du so weit bist.

8. Bleib in Kontakt.
Lass im Konflikt den Gesprächsfaden nicht abreißen. Obwohl du dir jederzeit eine Pause nehmen darfst, ist es nicht gut, eine Kommunikation, die nicht wirklich beendet ist, dauerhaft abzubrechen. Selbst wenn das Ego deines Gegenübers nicht mehr mit dir reden möchte, kannst du noch mit seiner Seele reden.

Erfahrungsbericht 1987: Magische Kräfte in Hülle und Fülle

Nach zwei Jahren auf dem Dachboden über dem Golden-Temple-Restaurant in Amsterdam zogen wir nach Hamburg um, weil Simran Kaur dort ihr Studium beenden wollte.

Während sie ihr Referendariat absolvierte, gründete ich in der Nähe des Hamburger Aschrams mein nächstes Yoga-Zentrum, in dem ich neben Kundalini Yoga auch T'ai Chi Ch'uan unterrichtete, eine langsame chinesische Kampfkunst, die ich in einem jahrelangen Austauschprogramm zwischen Kampfkunstlehrern und Yogalehrern in Amsterdam gelernt hatte.

Noch in Holland hatte ich in T'ai-Chi-Kreisen Gerüchte über einen Meister namens Helmuth gehört, der in der Nähe von Hamburg wohnen sollte. Fotos machten die Runde, auf denen zu sehen war, wie er Menschen durch die Luft warf, ohne sie zu berühren. Kaum in Hamburg angekommen, machte ich Helmuths Adresse ausfindig und schrieb ihm einen Brief mit der Bitte, bei ihm studieren zu dürfen. Prompt erhielt ich eine formvollendete Ablehnung:

»Es handelt sich hier um ein Missverständnis. Ich unterrichte kein T'ai Chi Ch'uan, ich mache höchstens ab und zu etwas mit ein paar Freunden im Wohnzimmer.«

Ein halbes Jahr später wurden Simran Kaur und ich nach einem zweiten, eher zufälligen Kontaktversuch dann doch zu Helmuth eingeladen. Wir liehen uns den Aschram-Bus und klingelten eine Stunde später an einer fensterlosen Tür eines ehemaligen Gasthauses auf der grünen Wiese. Nach einer Minute wütendem Hundegebell führte uns eine hagere, skeptisch blickende Frau mit Kampfstock in der einen und einem Schäferhund am Halsband in der anderen Hand zu Meister Helmuth.

Helmuth hielt einen sechsstündigen Monolog und sprach über Tao, Jesus, Buddha, T'ai Chi als moderne Folklore und vieles andere. Danach schaute er uns an, nahm das Haustelefon in die Hand und sagte: »Ich zeige euch mal was.« Es dauerte eine halbe Stunde, bis er die 50 Leute seiner Gemeinschaft aktiviert hatte. Dann durften wir Platz nehmen auf einer niedrigen Bank am Rande eines großen Saals, in dem die Wände mit Styropor beklebt und die Fenster mit halb durchsichtigem Plastik bedeckt waren.

Als Auftakt der Vorführung schob Helmuth, der auf Strümpfen, mit Bäuchlein und goldumrandeter Brille nicht gerade wie ein Kämpfer aussah, lässig einen Mann mit leichtem Druck durch den Raum. Der Druck seiner Hand schien dabei leichter und leichter zu werden, bis er den Mann tatsächlich nur mit einer Geste ohne jegliche Berührung mehrere Male so durch die Luft warf, dass der ein paar Meter weiter an die Wand klatschte, wo sein Umriss mit ausgestreckten Armen und Beinen im Styropor sichtbar blieb. Ich kam aus dem Staunen nicht heraus; Simran Kaur schaute sich das eher ruhig an.

Zum Finale setzte er sich in die Mitte des Raumes, sein krummer Rücken fast eine Parodie des Yoga, und ließ sich von allen 50 Männern und Frauen ringsherum gleichzeitig angreifen. Die Schwächsten fielen dabei bald verkrampft auf den Boden, die Stärksten schafften es bis knapp in seine Nähe – schließlich endete es in einem etwas bedrückenden Tableau verkrümmter Menschen, die verstreut um Helmuth herumlagen.

Hier waren offensichtlich die magischen Kräfte, die ich mir gewünscht hatte, in Hülle und Fülle zu finden. Als ich diesmal Helmuth bat, bei ihm studieren zu dürfen, war er einverstanden.

Kriya: Bogenschütze

Im Stand:
Die Füße stehen anderthalbmal so weit, wie deine Schultern breit sind, auseinander.
Dein rechter Fuß zeigt mit den Zehen nach vorne. Bringe das rechte Knie über deinen rechten großen Zeh. Der linke Fuß steht in einem 90-Grad-Winkel dazu. Dein Becken sollte in Längsrichtung auf einer Ebene mit den Beinen stehen.
Strecke deinen rechten Arm vor, die Hand als Faust mit dem Daumen hochgestreckt.
Bringe deine linke Faust neben dein rechtes Handgelenk und ziehe

dann den linken Ellbogen in einer geraden Linie nach hinten, als ob du an einer Bogensehne ziehst.
Fixiere deine Augen auf den rosa Halbmond des rechten Daumennagels.
Atme lang und tief.
Zeitdauer: 1 bis 5 Minuten.
Wechsle die Seiten. Jetzt steht das linke Knie vorne, und die linke Faust ist nach vorn gestreckt. Zeitdauer: 1 bis 5 Minuten.
Entspanne danach 5 bis 10 Minuten in der Rückenlage.
Die Haltung wirkt auf deine Fähigkeit, Ziele zu erreichen, und verstärkt Mut und Durchhaltevermögen.

Vorbereitungsübungen

Heuschrecke

Wirkt auf das Prana-Zentrum und Rückenstrecker.

Beinheben

Wirkt auf Bauchmuskeln und Oberschenkel.

Katze-Kuh

Wirkt auf Nebennieren und Nervensystem.

Wirbel 13

Herz-Chakra:
Ich stehe zu meiner Liebe.

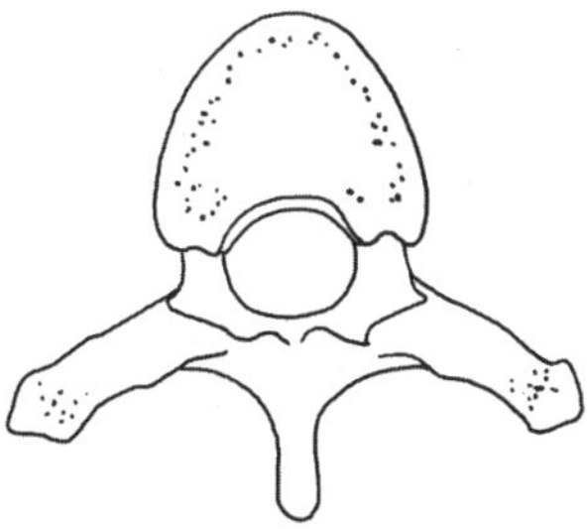

3. Pada:
Ich lasse mein Ego los.

Verbunden mit:
meinen Brustmuskeln, die mich atmen lassen;
meiner Leber, die im Dienste meines Körpers Tausende von Stoffen transformiert.

Affirmation:
Ich wachse in Liebe.

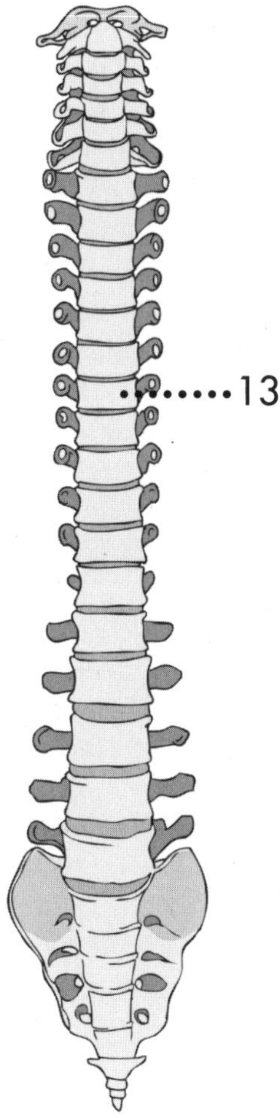

Die Reise durch Wirbel 13: »Ich bleibe auf dem Weg«

Wenn ich zurückdenke an unser halbes Jahr mit Helmuth und mir dabei vorstelle, dass ich in diesem Konflikt zwischen magischen Kräften und Liebe, den ich im nächsten Erfahrungsbericht schildere, anders entschieden hätte, wird mir kalt ums Herz. Ich denke, es wäre nicht nur um meine Ehe schlecht bestellt gewesen, sondern ebenso um meine Seelenreise.

Erst als ich dieses Buch schrieb, habe ich verstanden, was damals wirklich los war. Ich hatte komplett vergessen, dass meine allererste Motivation, Kundalini Yoga zu machen (siehe den Erfahrungsbericht von 1975), die Erwartung war, magische Kräfte zu bekommen, die ich dann für mein Karate gebrauchen konnte. Logisch, dass das Universum 1987 für die Prüfung den vielleicht einzigen martialischen Zauberer in der Nähe suchte und der sich anbot, sie mir zu verschaffen, wenn ich bereit wäre, auf meinen Yoga-Weg und meine Ehe zu verzichten.

Damals habe ich das natürlich nicht so klar gesehen. Das machte die Entscheidung schwierig, und deshalb habe ich auch nur knapp bestanden!

Sei also wachsam, wenn dir bei diesem Wirbel die Erfüllung deines größten, vielleicht geheimsten Wunsches angeboten wird, du dafür aber deine Seelenreise aufgeben musst. Das wird bei dir wahrscheinlich etwas anderes sein als bei mir, deshalb beantworte bitte folgende Fragen:

1. Ist Erfolg wirklich wichtiger für dich als die Liebe zu deinem Partner, deinem Lehrer, deinem Weg und deiner Seele?
2. Oder ist es Ruhm, der vielleicht wichtiger für dich ist?
3. Ist es Besitz?
4. Ist es Sicherheit?

5. Ist es Anerkennung?
6. Ist es die Aussicht, bewundert zu werden?

PASS BLOSS AUF!

Erfahrungsbericht 1988: Test des Egos

»Innerhalb von vier bis sieben Jahren kommst du in die Phase des Shakti Pad, eine Zeit, in der du mit deinem Ego konfrontiert wirst. Es ist die letzte Chance in 8,4 Millionen Leben, um Aavaagavan, dem Zyklus von Geburt und Tod, zu entfliehen.«

Yogi Bhajan

Simran Kaur, die mal Aikido gemacht hatte, fand Helmuths Fähigkeit, sie mit federleichtem Druck zu Boden zu werfen, fast so interessant wie ich. Und ich war fast so fasziniert wie sie von der Rücksichtnahme, mit der die Mitglieder dieser Gemeinschaft miteinander umgingen. Nach einem halben Jahr waren wir beide so weit, dass wir Helmuth baten, in seine Gemeinschaft ziehen zu dürfen.

Er rief seine Leute zusammen, und bald saßen Simran Kaur und ich mit Helmuth in der Mitte 50 Männern und Frauen auf weißen Gartenstühlen gegenüber, die uns wohlwollende Fragen stellten. Irgendwann nahm das Gespräch aber eine unvorhergesehene Wendung.

Eher beiläufig meinte Helmuth: »Es ist natürlich nicht sicher, dass ihr ein Zimmer zusammen haben könnt.«

Siedend heiß wurde mir da etwas klar, was ich bis dahin nicht bewusst wahrgenommen hatte: Unter all diesen Menschen gab es keine Paare. Und ich realisierte, dass unsere Ehe hier in dieser Gemeinschaft nicht wirklich unterstützt werden würde. Es dauerte nur eine Schrecksekunde, und ich fing an zurückzurudern.

»Okay«, sagte Helmuth, »dann machen wir noch ein bisschen schöne Stimmung, und danach verabschieden wir uns.«

Zurück in seinem Kabuff, schimpfte er uns verständnisvoll aus und ergänzte: »Natürlich hatten wir schon einen Raum für euch bestimmt.«

Es gibt eine Geschichte im T'ai Chi über einen Vogel, der auf der Hand des Meisters sitzt.

Um abzuheben, muss er seine Füßchen runterbeugen, dann springt er hoch und fliegt. In genau dem Moment aber, in dem er sich runterbewegt, bewegt sich auch die Hand des Meisters etwas runter. Der Vogel kann so nicht wegfliegen und bleibt wie angewurzelt sitzen.

Und weiterhin fuhr der Aschram-Bus viele Wochenenden auf die grüne Wiese ... Dass wir dann doch noch von Helmuths Hand abheben konnten, lag schlicht daran, dass wir schon Tickets nach New Mexico zu Yogi Bhajan gekauft hatten.

»Ja, geht mal«, sagte Helmuth, »dann könnt ihr rausfinden, was ihr wirklich wollt.«

Was wollten wir denn? Wir waren Kinder, die sich verloren fühlten zwischen zwei riesigen Bergrücken.

Helmuth: »In Äonen von Zeit bekommst du einmal die Chance, aus dem kosmischen Ei zu fliehen.«

Yogi Bhajan: »Die letzte Chance in 8,4 Millionen Leben, um Aavaagavan entkommen zu können.«

In Española warteten wir in Yogi Bhajans Garten, hörten, wie er im Haus entspannt redete und lachte. Das änderte sich, als wir an der Reihe waren. Sein Gesicht verfinsterte sich zusehends, seine Augen verengten sich zu durchdringenden schwarzen Punkten. Es war klar, dass er von unserer Eskapade mit Helmuth wusste. Wie so oft, wenn wir auf ihn trafen, vergaßen wir alle vorbereiteten Sätze und Gedanken.

Simran Kaur sagte aus irgendeinem Grund: »Sir, ich weiß nicht mehr, was der Tod bedeutet.«

Er brüllte sie an, sie solle ihre Hände auf einen toten Körper legen.

Ich saß wie gelähmt daneben. Es drehte sich irgendwie um Helmuth, ohne dass der Name direkt erwähnt wurde. Vielleicht dachte Yogi Bhajan so etwas wie, dass man von Männern sowieso alles erwarten könnte, aber eine Frau sollte dafür sorgen können, dass die Familie stabil blieb.

Dann raffte ich mich auf und erklärte: »Sir, ich war es, der hinter der Sache mit Helmuth steckt.«

Die bohrenden schwarzen Augen wandten sich mir zu. Er wurde aber ruhiger:

»Mein Sohn, wir sind nicht nur spirituelle Krieger … Wo kommst du her?«

»Aus Hamburg, Sir.«

»Ich habe dir damals in dem Yoga-Raum in Hamburg gesagt, du würdest dreimal einem anderen spirituellen Lehrer begegnen. Du brauchst keinen spirituellen Lehrer. Du bist selbst ein spiritueller Lehrer.«

Wieder zu Hause im Hamburger Aschram angekommen, verbrachte ich viel Zeit am Telefon. Ab und zu geriet ich in Versuchung, griff fast zum Hörer – aber ich habe Helmuth nicht mehr angerufen.

Kriya: Deine wahre Identität

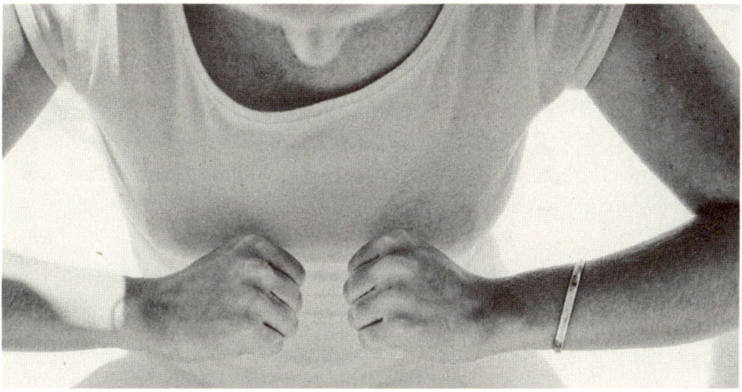

In einfacher Sitzhaltung:
Bring deine Unterarme parallel zum Boden auf Höhe des Herzzentrums (Mitte des Brustbeins).
Die Daumenspitzen berühren den Merkur-Hügel (Ballen vom kleinen Finger); die anderen Finger schließen sich darüber und drücken fest auf den Daumen.

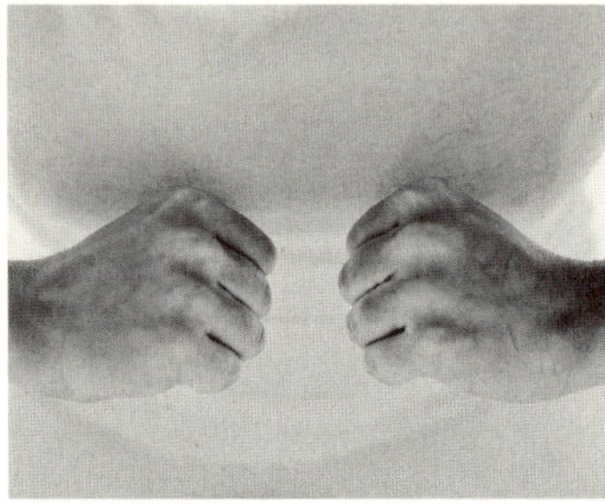

Die Knöchel der rechten und linken Hand sind 2,5 cm voneinander entfernt.
Die Augen sind zu 10 Prozent geöffnet und auf die Nasenspitze konzentriert.[24]
Chante das Mantra HAR in einem Rhythmus von einmal pro Sekunde immer abwechselnd viermal HAR laut, viermal HAR flüsternd[25].
Zeitdauer: 3 bis 11 Minuten. Es ist empfehlenswert, diese Meditation 120 Tage lang täglich zu machen.
Sie unterstützt deine wahre Identität und hilft dir, dein Ego zu beherrschen.
Dadurch kannst du ein unbegrenztes Potenzial in dir entfalten.
Das Mantra HAR steht für »alles, was ist« oder »die göttliche Energie des Loslassens«.
Diese Meditation unterstützt durch die Position der Hände und durch das Flüstern (die Sprache der Liebenden) das Herzzentrum.
Der Daumen, der für das Ego steht, wird gehalten und kontrolliert.

Vorbereitungsübungen

Winkel-Rudern

Wirkt auf Brustmuskeln und 3. Chakra.

Dreieckshaltung

Wirkt auf Leber und Magen.

Windmühle

Wirkt auf Brustmuskeln und Iliosakralgelenk.

Wirbel 14

Herz-Chakra:
Ich esse gerne
zusammen mit Freunden.

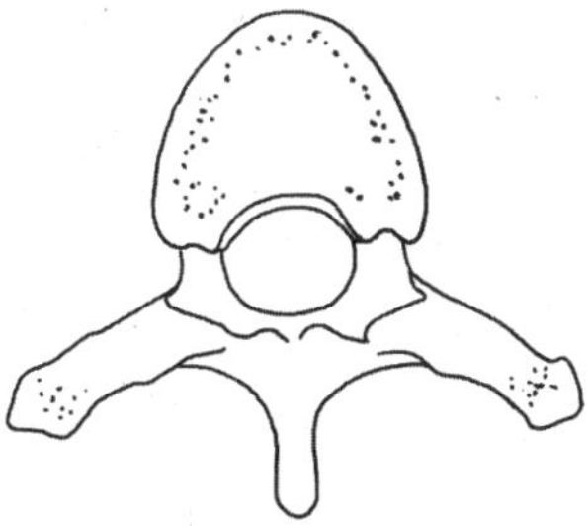

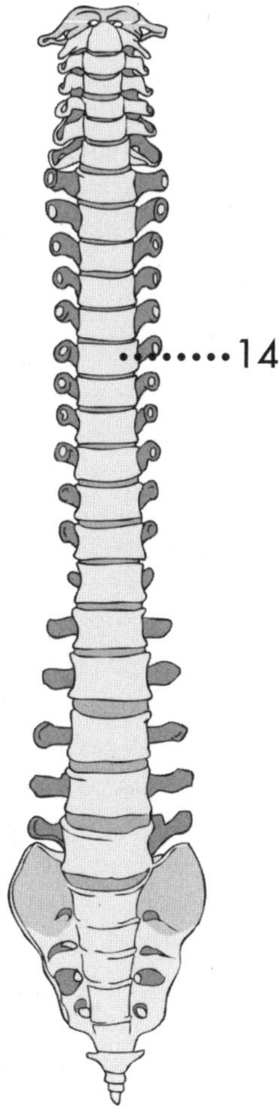

4. Pada:
Ich genieße das Leben.

Verbunden mit:
meiner Speiseröhre, die das Essen in mich hineinbringt; meinem Magen, der die Nahrung akzeptiert; meinem Zwölffingerdarm, der die Verarbeitung der Nahrung leitet.

Affirmation:
Ich esse bewusst.

Die Reise durch Wirbel 14: »Ich liebe belebendes Essen«

Endlich geht es um die Wegzehrung während der Seelenreise.

Essen bietet uns nicht nur Nahrung und Genuss, es kann uns auch heilen. Kundalini Yoga empfiehlt eine lakto-vegetarische Ernährung, also Essen ohne Fleisch, Fisch und Eier, aber mit Milchprodukten. Außer den üblichen Gründen dafür – wie Gesundheit, Ethik und Ökologie – wissen wir als Yogis, dass vollwertige, vegetarische Lebensmittel uns Prana, Lebensenergie, bringen, und wir verstärken das noch durch dreimaliges Singen des Mantras SAT NAM vor dem Essen und von anderen Mantras während der Zubereitung.

Bei all den sozialen und psychischen Faktoren, die bei diesem Thema eine Rolle spielen, ist es wahrlich nicht einfach, die richtige Ernährungsweise für sich selbst zu finden. Um unsere Essgewohnheiten besser in den Griff zu bekommen, gibt es deshalb auf der nächsten Seite eine Meditation gegen zwanghaftes Essen (oder zwanghaftes Nicht-Essen).

Kochen war Yogi Bhajans große Leidenschaft. Er hat uns Hunderte von wirksamen Diäten überliefert, dazu zahllose unübertroffene vegetarische Kochrezepte, viele effektive Kräutermischungen und besonders die so erfolgreichen Yogi-Tees.

Hier ein Beispiel aus seiner Küche:

Golden Milk

Dieses herrliche heiße Getränk ist gut für die Wirbelsäule und für die Knie.[26] Wissenschaftliche Untersuchungen haben gezeigt, dass Kurkuma, die in der Golden Milk am meisten wirkende Zutat, bessere entzündungshemmende Effekte beispielsweise bei Arthritis oder Rheuma hat als normale medizinische Mittel.

Zutaten:
1/8 TL Gelbwurz (Kurkuma)
250 ml Milch oder Reismilch
2 EL kalt gepresstes Mandelöl
Honig nach Geschmack

Koche Kurkuma 8 Minuten lang in 65 ml Wasser, bis sich eine dicke Paste bildet. Wenn zu viel Wasser verkocht, gib noch etwas Wasser hinzu.
Bringe in der Zwischenzeit die Milch mit dem Mandelöl zum Kochen und nimm sie dann sofort vom Herd.
Vermische die Paste mit der Milch und füge je nach Geschmack etwas Honig hinzu.
Wenn du möchtest, kannst du eine größere Menge der Paste herstellen und sie bis zu 40 Tage im Kühlschrank aufbewahren.

Wenn du Golden Milk als Medizin anwendest, trinke täglich drei Gläser 40 Tage lang.

Erfahrungsbericht 1997: Der Küchenmeister

»Gott, ich mach alles, was du willst, wenn du mich alles essen lässt, was ich will!«

Yogi Bhajan

Er öffnete unsere sämtlichen Küchenschränke und brummte zufrieden, als er den Schrank mit den Gewürzen fand. Mit offensichtlichem Genuss warf er unseren Jahresvorrat an gelbem, rotem und braunem Kurkuma, Pfeffer und Garam Masala auf den Berg aus Tofu, Knoblauch, Zwiebeln und Ingwer in unserer größten Bratpfanne. Ein intensiver Geruch begann sich in unserer Küche auszubreiten.

Von dem Moment an, in dem Yogi Bhajan unsere Wohnung – als Gast – betrat, waren wir eigentlich bei ihm zu Besuch. Das Zentrum aller Aktivitäten war dabei unsere Küche. Nicht nur verwandelte sie sich in ein Restaurant, wo unser Küchenteam bis zu 60 Mahlzeiten täglich zubereitete, sie wurde auch zu dem Ort, wo am meisten passierte.

Am großen Küchentisch las er morgens wie ein echter Großvater mit Lesebrille und einem Schal über dem Unterhemd seine Zeitung, am Nachmittag unterstützte er Leute, die wegen irgendwelcher Schwierigkeiten vorbeikamen, am Abend hielt er kleine, besonders interessante Vorlesungen. Zwischendurch managte er am Telefon alle möglichen und unmöglichen Probleme.

Das Essen war fertig – der Geruch überwältigend. Er toastete große, formlose Stücke türkisches Fladenbrot, schöpfte generöse gelbbraune Portionen aus der Bratpfanne darauf und servierte jedem von uns eine Portion. Kochen war nicht nur seine Leidenschaft, Essen war auch sein wichtigstes Heilmittel …

»*Eat!*«, sagte er.

Einmal wurde ich zu Yogi Bhajan zitiert: »Ich habe gehört, dass du kein Prasad mehr isst.« Ich liebte das leckere, aus Honig, Ghee[27] und Mehl zubereitete und von Mantra-Gesängen begleitete Prasad – aber ich hatte damals entschieden, es würde nicht in meine Ernährungsvorstellungen passen.

Er erzählte: »Teufel und Engel kämpften einmal um die Herrschaft der Welt. Sie rührten in den Welten-Ozeanen auf der Suche nach dem Nektar der Unsterblichkeit. Als stattdessen ein starkes Gift aus dem Ozean aufstieg, wurden beide Parteien krank, und alle begannen zu sterben.

Sie gingen zu Shiva und baten um seine Hilfe. Shiva nahm das Gift und schluckte es runter.

Es färbte seine Kehle für immer blau, aber er heilte damit die Welt. Manchmal hat Nahrung noch eine andere Perspektive, als du denkst. Schau mich an, ich bin Diabetiker. Ich esse Prasad.«

Aber es kam noch intensiver. Das letzte Mal, als Yogi Bhajan in

Europa war, trafen Simran Kaur und ich ihn in einem Hotel am Frankfurter Flughafen. Es war nicht unsere fröhlichste Begegnung. Er war auf dem Weg nach Indien zu einer Nierentransplantation (von der er sich nie wirklich erholen würde), und ich hatte Hautkrebs und machte gerade eine Diät mit zehn frischen Säften am Tag und wenig anderem.

Müde saßen wir einander gegenüber. Zwischen uns lag wie auf einem Schachbrett, wartend auf die nächste Bewegung der Spieler, ein bestimmt aus der Küche des Flughafenhotels stammendes helles Brötchen; zwei Schichten Gouda hingen an den Rändern herunter.

Er schaute mich an. Ich wusste, was kommen würde …

»*Eat*«, sagte er kraftlos, aber liebevoll. Matt wehrte ich ab.

»*Eat*«, wiederholte er.

Aus Liebe …

Kriya: Gegen zwanghaftes Essen

In einfacher Sitzhaltung: Verschließe dein rechtes Nasenloch mit deinem rechten Daumen, die anderen Finger zeigen wie Antennen nach oben.

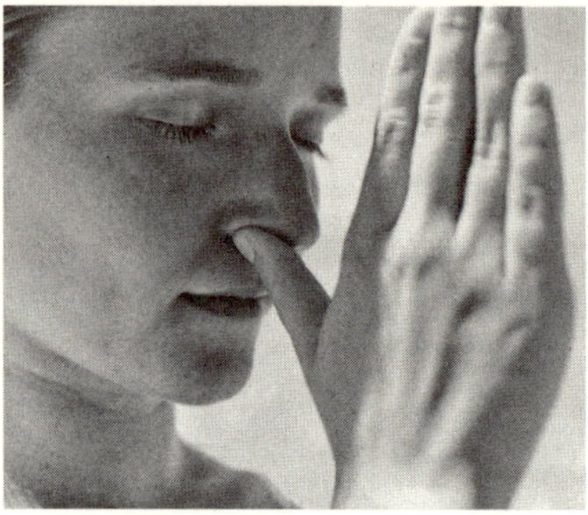

Atme tief durch dein linkes Nasenloch ein.
Dann halte den Atem so lange wie möglich an.
Atme vollständig durch dein linkes Nasenloch aus.
Halte den Atem genauso lange aus, wie du ihn vorher eingehalten hast.
Zeitdauer: 3 bis 31 Minuten.
Beim Ein- oder Aushalten des Atems bitte nicht deine Kehle verschließen, sondern die Atemmuskulatur in eingeatmeter oder ausgeatmeter Position halten.
Der Linke-Nasenloch-Atem entspannt. Du wirst dadurch weniger zwanghafte Impulse verspüren.

Vorbereitungsübungen

Frösche

Wirkt auf Blutkreislauf und Willenskraft.

Katze-Kuh

Wirkt auf Speiseröhre, Zwölffingerdarm und Brustmuskeln.

Dreieckshaltung

Wirkt auf Magen und Leber.

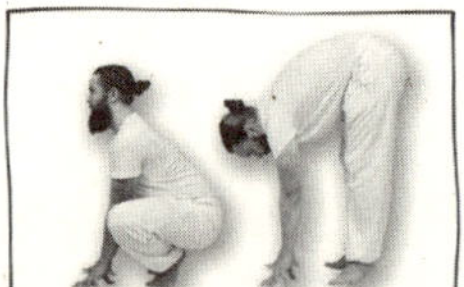

Wirbel 15

Kehl-Chakra:
Ich möchte verstehen
und verstanden werden.

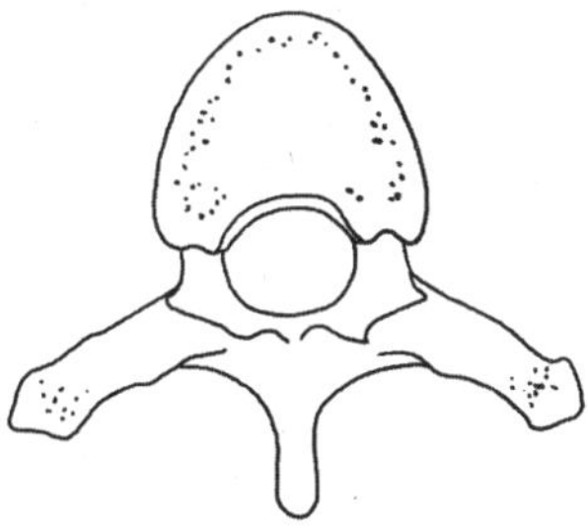

4. Pada:
Ich habe einen offenen Geist.

Verbunden mit:
meinen Lungen,
meinen Bronchien,
meiner Atemmuskulatur.

Affirmation:
Ich atme gerne
lang und tief.

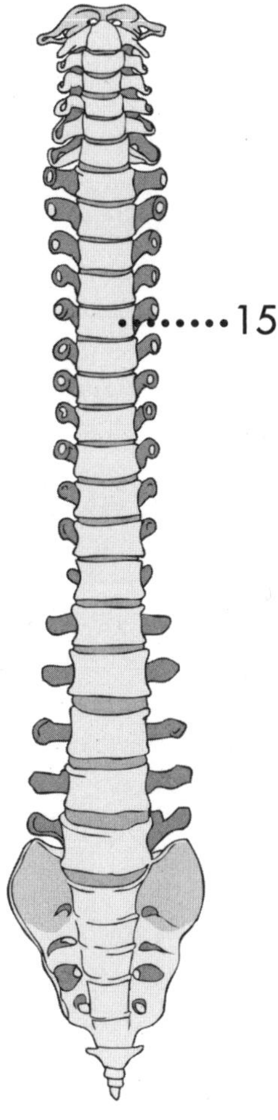

Die Reise durch Wirbel 15: »Ich bin Teil des neuen Zeitalters«

Der Übergang zur 4. Pada der Reise, Sahej Pad genannt, übersetzt »Zeit des Komforts«, bedeutet, dass dein Leben jetzt erst mal eine Weile geradeaus gehen wird. Gleichzeitig wächst dabei aber deine Verantwortung für Familie und Gemeinschaft, und als Yogi wirst du immer mehr eingebunden in die Netzwerke des neuen Zeitalters. 2011 begann das sogenannte Wassermann-Zeitalter (der Begriff stammt aus der Astrologie), das eine rasche Transformation der Welt in Gang setzte. Automatisierung, neue Kommunikations-Intensität, Stress, enorme persönliche Freiheit und alle anderen Entwicklungen dieser Zeit brauchen gute Antworten von uns Yogis. In seinen »5 Sutras for the Aquarian Age«[28] hat Yogi Bhajan das neue Zeitalter sehr inspirierend beschrieben.

Machen wir daraus ein kleines Orakel.

Während du dich auf die Frage konzentrierst: »Was ist meine Aufgabe im Wassermann-Zeitalter?«, wähle aus den folgenden 5 Buchstaben willkürlich einen aus:

D W S A M

Sutra 1: Erkenne, dass der andere Du ist.
Durch die Entwicklung der Kommunikationstechnologie sind ferne Freunde manchmal präsenter als der Mensch, der quasi neben dir steht. Es kommt zur Entfremdung zwischen Leuten, die sich eigentlich nah sind. Wenn du A gewählt hast, ist deine Aufgabe die eines Friedensstifters, der die Menschen zusammenbringt.

Sutra 2: Es gibt einen Weg durch jede Blockierung.
Wenn du W gewählt hast, ist deine Aufgabe die einer kreativen Erfinderin, die den Menschen hilft, in dieser Zeit der schier unbegrenzten Möglichkeiten ihre Träume zu realisieren und ihr wirkliches Potenzial zu finden.

Sutra 3: Wenn die Zeit reif ist, fange an, und der Druck wird verschwinden.

Das Wassermannzeichen gehört zum Luft-Element, das frei, wechselhaft und beweglich ist. Deshalb geht alles in dieser Zeit immer sehr schnell. Hast du M gewählt, dann bist du der Yogi, der den Menschen hilft, trotzdem entspannt zu leben.

Sutra 4: Verstehe durch Mitgefühl oder du wirst die Zeiten nicht verstehen.

Der Druck durch die konstanten Veränderungen, die das neue Zeitalter mit sich bringt, birgt ein Risiko, an Burn-out, Depression, sogar einer Psychose zu erkranken. Hast du D gewählt, ist das eine Einladung, durch deine Empathie die Menschen darin zu unterstützen, wieder den Kontakt zu ihrer Seele zu finden.

Sutra 5: Sende deine Schwingungen zum Kosmos, der Kosmos wird dir den Weg frei machen.

Die Vorstellung von Gott als entfernter Vaterfigur funktioniert in dieser Zeit nicht mehr so gut. Wenn du dich für S entschieden hast, geht es um deine besondere Fähigkeit, Menschen zu helfen, mit Unterstützung des Universums ihren Lebensweg zu finden.

Erfahrungsbericht 1999: Yoga-Blindheit

»Dein Ego verschließt deinen Geist und erzeugt Druck, sodass der optische Nerv nicht mehr gut funktioniert. Du wirst vorübergehend blind und taub.«

Yogi Bhajan

Es ging uns sehr gut in Hamburg. Wir bekamen zwei tolle Kinder, konnten eine große Wohnung mit Raum für ein Yoga-Zentrum kaufen, und ich schrieb ein Yoga-Buch, das ein internationaler Bestseller wurde. Nach meiner Entscheidung für Liebe statt Magie schien das Universum allerdings aufgehört zu haben, mir außergewöhnliche Erfahrungen zuteilwerden zu lassen.

Yogi Bhajan, der inzwischen häufig in unserer Hamburger Wohnung zu Gast war, konfrontierte mich mit meiner spirituellen Blindheit.

Das erste Mal passierte das sehr symbolisch im »Luruper Kulturhaus für Blinde«, wo wir den großen Saal für eine Veranstaltung mit Yogi Bhajan gemietet hatten. Es ging ihm damals schon nicht mehr so gut. Bei seinem Unterricht vor ungefähr 300 Leuten saß er an einen Stapel Kissen gelehnt und schlief immer wieder während der Übungen ein. Gegen Ende des trotzdem wunderbaren Prozesses rief er mich auf die Bühne. Erfreut zeigte er über die Köpfe der meditierenden Teilnehmer, wo offensichtlich ein leuchtendes Feld schwebte.

»Kannst du das sehen?«, fragte er flüsternd.

Leider nicht …

Das zweite Mal passierte es in Assisi, wo ich Yogi Bhajan bei einem seiner berühmten »Master's Touch«-Kurse assistieren durfte. Tief versunken in ein Mantra saß ich in der dritten oder vierten Reihe vor ihm, als mich plötzlich etwas an der Brust traf. Ich guckte nach und entdeckte einen kleinen runden Hustenbonbon in meinem Schoß. Hustenbonbon? Es gibt hier nur einen … Ich sah mich um.

Yogi Bhajan blickte mich eindringlich an und zeigte in Richtung etwas links vor mir im Raum. Gehorsam stand ich auf. Alles, was ich sah, waren Hunderte von weiß gekleideten Menschen, und alle schienen vollkommen im Chanten aufzugehen.

Aber er gestikulierte noch dringender und schien auf eine Frau vor mir zu zeigen, die genauso wie alle anderen in tiefer Meditation versunken war.

Zögernd legte ich meine Hände auf ihre Schultern. Kaum hatte ich sie berührt, brach sie zusammen und fing herzzerbrechend an zu weinen. Ich massierte leicht ihre Schultern. Schließlich beruhigte sie sich, und ich setzte mich wieder an meinen Platz.

Ich war aber nicht der einzige Blinde.

Einen Nachfolger mit ähnlichen Fähigkeiten wie seine hat Yogi Bhajan nie gefunden.

Kriya: Klarheit im Wassermann-Zeitalter

In einfacher Sitzhaltung: Mache vor deiner Brust Fäuste, halte sie ungefähr 15 cm auseinander mit den Zeigefingern hochgestreckt, die Daumen über die Mittelfinger gelegt.
Fange an, die Hände abwechselnd auf präzise Weise vor und zurück zu bewegen. Es soll eine mechanische, langsame, fast ruckartige Bewegung in gleichbleibendem, stetigen Rhythmus sein.
Zeitdauer: 2 Minuten mit geschlossenen Augen, dann 1,5 Minuten mit Konzentration auf die Nasenspitze.
2 Minuten, während du bei jeder Handbewegung »DU« (oder Englisch »THOU«) chantest.
2 Minuten mit den Händen entspannt abgelegt.
Vergiss für einen Moment, wer du bist. Übe in der letzten Phase dieser Meditation die Vorstellung des »Nicht-Existierens«.
Zum Beenden der Übung strecke die Hände hoch, atme kräftig ein und aus und drehe dich nach rechts und links.
Das Mantra Du oder THOU repräsentiert Hingabe.
Es verbindet uns mit der göttlichen Wirklichkeit um uns herum.

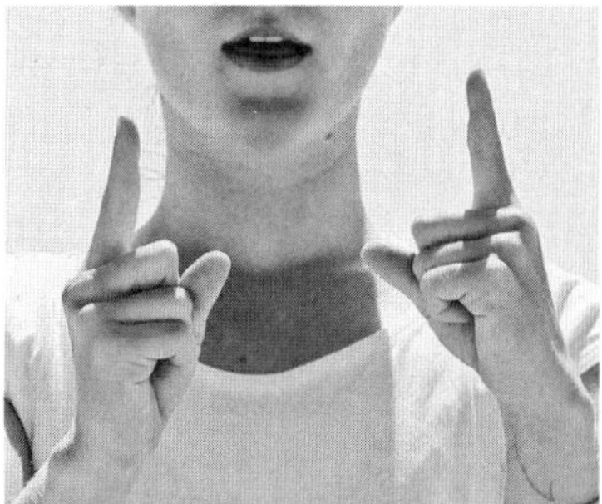

Vorbereitungsübungen

Windmühle

Wirkt auf Blutkreislauf und Willenskraft.

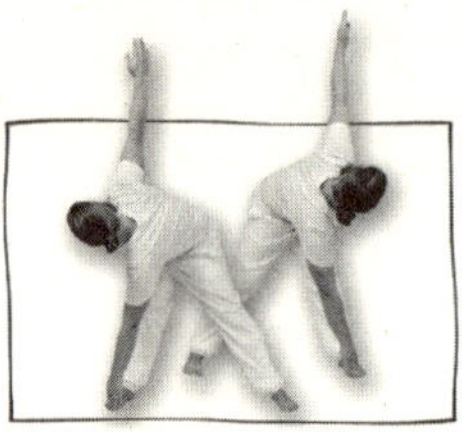

Becken-Hüpfen

Wirkt auf Lymphsystem und Immunsystem.

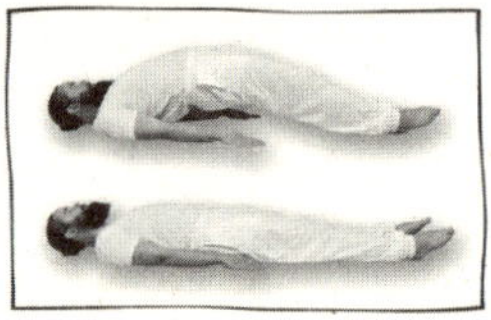

Dreieckshaltung

Wirkt auf Magen und Leber.

Wirbel 16

Kehl-Chakra:
Ich singe gerne.

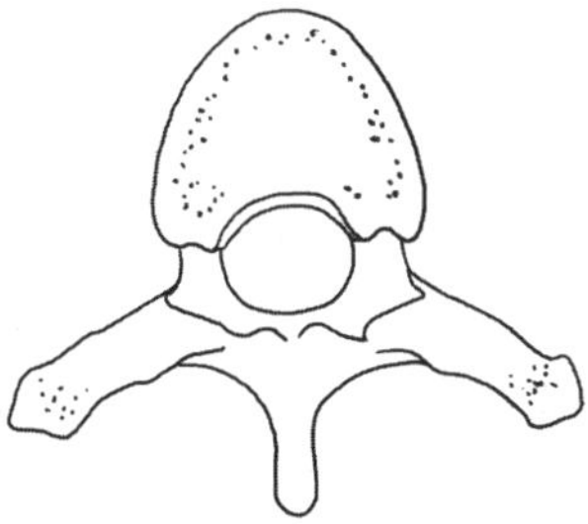

4. Pada:
Ich diene der Schöpfung.

Verbunden mit:
meiner Gallenblase,
meinem Gallengang,
meinen Brustmuskeln,
meinen Bronchien.

Affirmation:
Ich kann entspannt mit Wut umgehen.

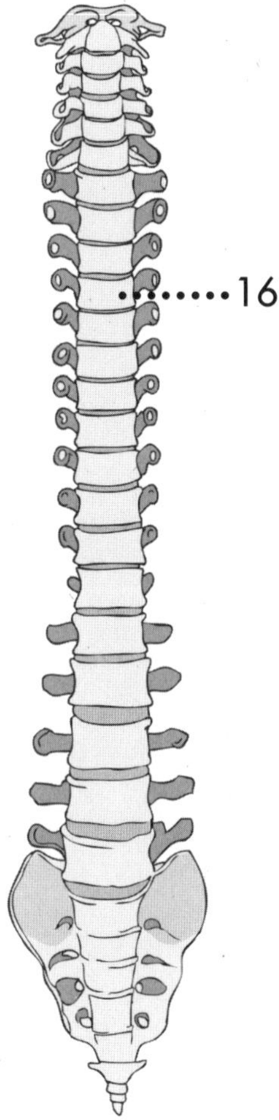

Die Reise durch Wirbel 16: »Gott und ich sind eins«

Jetzt taucht Gott in der Seelenreise auf. Meine Eltern waren fromm, und ich habe als Jugendlicher verschiedene Versuche unternommen, mich in ihrer »reformierten« Kirche zu Hause zu fühlen. Letztendlich scheiterte das daran, dass ich mit den für diese Glaubensrichtung typischen Dogmen nicht wirklich etwas anfangen konnte.

Als ich mit Yoga begann, wurde ich an andere Lehrsätze herangeführt, die ich zwar genauso wenig beweisen kann, aber die ich gerne glaube.

Zum Beispiel:

1. Das Mantra:
   »GOTT UND ICH, ICH UND GOTT SIND EINS.«

2. Der Spruch, der auf der Rückseite von Yogi Bhajans Visitenkarte stand:
   »WENN DU GOTT NICHT IN ALLEM SEHEN KANNST, KANNST DU GOTT GAR NICHT SEHEN.«
   Das klingt allerdings besser auf English:
   »If you cannot see God in all, you cannot see God at all.«

3. Der Anfang des Mul-(Wurzel-)Mantras:
   »GOTT UND DIE SCHÖPFUNG SIND EINS.«

4. Der Begriff G.O.D. erklärt als:
   Generating (schöpfend)
   Organizing (erhaltend)
   Destroying (zerstörend)

Die Kriya, die zu Wirbel 16 gehört, ist verbunden mit dem indischen Sprichwort: »Wohin du dich verneigst, daher kommt dein Segen.«

Erfahrungsbericht 1999: Schwarz und Weiß

Mit schnellem Schritt kam mir ein junger Mönch entgegen, als ich aus der grellen Sonne ins Halbdunkel der für Touristen geöffneten Agios-Neophytos-Klosterkirche auf Zypern trat. Ich spürte eine sofortige Verbindung mit ihm. Er war ungefähr so groß (hmm … so klein) wie ich, hatte auch ein Bärtchen und trug eine schwarze Kutte, ich meine weiße Kurta. Ich hätte ihn gerne spontan umarmt, traute mich allerdings nicht so ganz.

Zu Recht, wie sich herausstellte.

Aufgeregt redete er auf mich ein.

Mein erster Impuls, dass er mich herzlich begrüßen wollte, bestätigte sich leider nicht, als er in gebrochenem Englisch verkündete: *»Buddhism nix, Taoism nix, Roman-Catholicism nix – you out!«*

Ich machte gerade eine Rundreise durch Zypern zu allen Orten, die ich für meinen Roman »Der Reif«, der großenteils auf der Insel spielt, ausgesucht hatte. Der unfreundliche Empfang in dieser besonderen griechisch-orthodoxen Kirche machte mich allerdings nicht wirklich unglücklich – denn ich fühlte mich leicht schuldig, weil ich diesen Ort in meinem Buch als relativ unheimlich (Fledermäuse, Tausendfüßler, düstere Mönche) dargestellt hatte.

Trotzdem wollte ich mich nicht so einfach aus einer Kirche, die ich voller Respekt und Vorfreude betreten hatte, vertreiben lassen.

Langsam erklärte ich ihm: »Hör mir bitte zu. Es wäre für mich und auch für dich nicht gut, wenn du mich aus deiner Kirche rauswirfst. Ich schlage vor, dass du deinen Vorgesetzten rufst. Dann können wir gerne darüber sprechen.«

Darauf ging er nicht ein. Er hatte es vielleicht auch gar nicht verstanden.

Als Nächstes zeigte er auf meinen Turban und gestikulierte, dass ich den absetzen sollte.

Ich zeigte so respektvoll wie möglich auf die schwarze Lammfellmütze, die er selbst auf dem Kopf trug, und erklärte ihm, dass ich nicht dazu bereit war. Damit war er offensichtlich an die Grenze seiner Kommunikationsmöglichkeiten gekommen und verfiel in grimmiges Schweigen.

Ich blieb in der Kirche und ging andächtig im Kirchenschiff umher, um die in Silber gehüllten Ikonen zu betrachten, die nach der griechisch-orthodoxen Vorstellung eine lebendige Manifestation Gottes darstellen.

Er machte eine Runde parallel zu meiner und stellte sich mit den Armen wedelnd zwischen mich und jedes Bild, um mir möglichst jeglichen Blickkontakt zu seinen streng aussehenden Heiligen zu verwehren.

Als ich die Kirche etwas eher als geplant ruhig verließ, schlug er sofort die schwere Tür dröhnend hinter mir zu. Ich konnte es mir nicht verkneifen und stellte mich mit meiner Kamera auf den sonnigen Vorplatz, um ein kleines Andenken an diese Vorstufe der Sikh- und griechisch-orthodoxen Ökumene zu haben. Nach weniger als einer Minute ging tatsächlich die Kirchentür einen Spaltbreit auf. Sein Kopf lugte um die Ecke: Ist die Luft wieder rein?

Schnell, aber nicht schnell genug, zog er den Kopf zurück, als er mich mit der Kamera entdeckte.

Später, als ich meine Ausbeute anschauen wollte, stellte sich heraus, dass gerade dieses Foto in meiner doch so zuverlässigen Kamera leer war. Sein Gott, von dem der Mönch im Gegensatz zu mir fand, dass er nicht mein Gott war, hat sein Ansehen dann doch geschützt.

Kriya: Sitzende Verneigungen

Im Fersensitz: Atme ein und strecke deinen Oberkörper hoch, die Hände liegen entspannt auf den Oberschenkeln.
Atme aus und beuge dich aus der Hüfte nach vorne. Bewege deine Stirn Richtung Boden.
Atme ein und komm mit dem Oberkörper wieder hoch.
Die Bewegung folgt einem Fünf-Takt-Rhythmus:

1. Stirn zum Boden und wieder hoch.
2. Stirn zum Boden und wieder hoch.
3. Stirn zum Boden und wieder hoch.
4. Stirn zum Boden und wieder hoch.
5. Bleib einen Takt lang oben und atme einmal ein und aus.

Wiederhole diese Abfolge.

Empfohlene Mantra-Musik: Jap Sahib von Ragi Sat Nam Singh Sethi (die Bewegung fängt nach ungefähr einer Minute an).
Zeitdauer: 3 bis 7 Minuten.
Entspanne dich danach.
Wenn du nicht im Fersensitz sitzen kannst, begib dich in den Langsitz mit gerade nach vorne ausgestreckten Beinen oder setze dich auf einen Stuhl.
Die Bewegung des Sichverneigens stärkt Demut und Hingabe.

Vorbereitungsübungen

Windmühle

Wirkt auf Bronchien und Brustmuskulatur.

Katze-Kuh

Wirkt auf Brustmuskeln und Bronchien.

Dreieckshaltung

Wirkt auf Gallenblase und Gallengang.

Wirbel 17

Kehl-Chakra:
Ich kann gut zuhören.

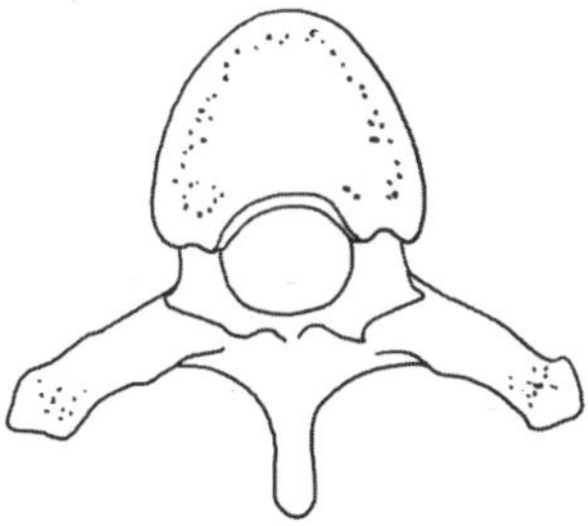

4. Pada:
Ich stelle allen meinen Rat
zur Verfügung.

Verbunden mit:
meinen Rippen,
meinem Rippenfell,
meinen Brustmuskeln,
meinen Bronchien.

Affirmation:
Ich kann ausdrücken, was
mein Herz und meine Seele
mir sagen.

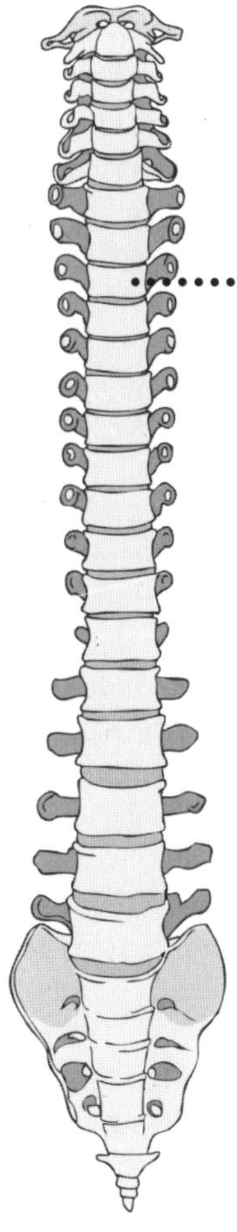

Die Reise durch Wirbel 17: »Ich kommuniziere bewusst«

Die Entwicklung der Kommunikationsfähigkeit ist ein wichtiger Schlüssel bei der Seelenreise. Es ist bemerkenswert, wie viele Meditationen und Kriyas es im Kundalini Yoga zum Thema Kommunikation gibt. Als Kind wurde Yogi Bhajan ausgebildet, Raja (König) über 12 Dörfer zu werden. Dafür las ein Gelehrter ihm einmal pro Woche von mit goldener Tinte beschriebenen Bambusstreifen die Prinzipien der Kommunikation vor. Selbst wenn du kein König bist, brauchst du die Gesetze der Kommunikation dringend. Für jeden Menschen auf der Seelenreise ist die Fähigkeit zu kommunizieren eines der wichtigsten Werkzeuge. In weißen, westlichen, weiblichen Mittelklassekreisen, wo sich das meiste Yoga abspielt (oh, möge es sich weiterverbreiten!), ist die Gefahr, durch körperliche Gewalt verletzt zu werden, nicht annähernd so groß wie durch gewalttätige Wörter. Wie man sagt: »Die Wunde durch das Schwert kann heilen, die Wunde durch ein Wort heilt vielleicht nie …«

Ich habe versucht, die Lehren der Kundalini-Yoga-Kommunikation in sieben Schritten zusammenzufassen:

1. Richte dich innerlich auf.
Atme tief, konzentriere dich auf dein Herz.

2. Stimme dich empathisch auf dein Gegenüber ein.
Mögliche Fragen sind: »Was brauchst du?«
oder: »Wie fühlst du dich?«

Nach diesen ersten Schritten schätze ab, ob ihr beide in der richtigen Verfassung seid, um das Gespräch zu beginnen. Wenn nicht, dann gebrauche den wichtigsten Schlüssel, den das Yoga anzubieten hat: Schweigen. Wenn ja, dann geht es weiter mit:

3. Eine gemeinsame Wahrnehmung schaffen.
Dafür brauchst du das, was wir im Yoga den neutralen Geist nennen. Schildere ohne Übertreibung, Lügen oder Polarisieren die Situation so objektiv, dass dein Gegenüber die Beschreibung akzeptieren kann.

4. Dein Herz und deine Seele ausdrücken.
Teile deinem Gegenüber deine Gefühle und Bedürfnisse mit: Wie hast du dich gefühlt, was hättest du gebraucht? Höre zu, wenn dein Gegenüber seine vorträgt.

5. Eine konkrete, machbare Bitte formulieren.
Der Unterschied zwischen einer Bitte und einer Forderung: Wenn es sich um eine Bitte handelt, neigst du nicht dazu, den anderen zu bestrafen, wenn er oder sie Nein sagt, bei einer Forderung schon.

6. Das Ergebnis fixieren.
Das funktioniert, indem du zum Beispiel fragst: »Kannst du mir sagen, wie du es verstanden hast, was wir gerade verabredet haben?«

7. Dein Gegenüber wertschätzen.
Wenn du nicht sicher bist, dass du am Ende des Gesprächs durch Worte oder Gesten dafür sorgen kannst, dass dein Kommunikationspartner sich gut fühlt, darfst du das Gespräch gar nicht anfangen.

Erfahrungsbericht 2002: Sprechende Schweine

»Kirke (›Circe‹), Tochter des Sonnengottes Helios, lebt in Homers ›Odyssee‹ auf der mythischen Insel Aiaia. Sie webt, sie singt und becirct Odysseus' Mannschaft und verwandelt sie in Tiere.«

Wikipedia 2017

Ich war der Erste, der in das halb offene Gebäude hineinging. Rechts standen zwei Eber in separaten Buchten und grunzten mich und einander an. Die immer wieder neuen Variationen in Tonhöhe und Lautstärke machten es nicht schwer, sich vorzustellen, dass sie wirklich was zu sagen hatten. Im Halbdunkel des Stalls erschien die Sau gegenüber als enorme weiße Gestalt mit großer Präsenz.

In diesen Jahren war ich viel in Griechenland unterwegs, diesmal, um auf der Insel Andros einen Kurs in einer Reihe von Seminaren zu unterrichten, die die mythischen Geschichten der »Odyssee[29] mit Yoga kombinierten.

Agia Akal, mein Co-Teacher, und ich hatten uns entschieden, die Geschichte aus der »Odyssee« zu bearbeiten, in der die Zauberin Kirke die Mannschaft von Odysseus in Schweine verwandelt. Von einer früheren Zusammenarbeit mit Agia Akal wusste ich, dass er mit Tieren sprechen konnte. »Die meisten Tiere haben aber nicht viel zu sagen«, hatte er gemeint und ein paar in der Nähe pickende Hühner für uns belauscht und übersetzt, worüber sie sprachen, und es war tatsächlich nicht gerade interessant.

Als ich ihn auf der Insel Andros von der Fähre abholte und wir im Taxi anfingen, das Seminar vorzubereiten, waren aber seine ersten Worte: »Gibt es Schweine auf dieser Insel?« Wir fragten den Taxifahrer und der wusste, dass es tatsächlich nicht weit von unserem Hotel einen Stall mit Schweinen gab.

Etwas später standen wir vor einem weißen schmucklosen Gebäude, das inmitten von staubigen, dürren Wiesen lag. In stillem Lauschen hielt Agia Akal seinen Kopf ein bisschen schief. Dann sagte er: »Die Schweine wollen wissen, wer du bist! Ich habe gesagt, du bist ein Kind Gottes, aber das wollen sie nicht so richtig akzeptieren. Dann habe ich gesagt, du bist der Mann, der die Leute bringt, und damit sind sie einverstanden. Sie sind auch einverstanden, dass wir sie in den nächsten Tagen mit der ganzen Gruppe besuchen kommen.«

Ein paar Tage später, nachdem wir mit dem griechischen Metzger, dem die Tiere gehörten, einen Termin gemacht hatten, standen wir zur Vorbereitung auf unseren Besuch wieder zu zweit vor der weißen Scheune.

»Heute passt es nicht so«, sagten die Schweine, »weil wir eine Geburt haben.«

Ehrlich gesagt hatte ich manchmal Zweifel an Agia Akals Fähigkeit, mit den Tieren reden zu können. Deshalb war es eine interessante Bestätigung, als wenig später der Metzger im Hotel anrief, um unseren Termin abzusagen:

»Der Tierarzt kommt«, sagte er, »wir erwarten einen Wurf Ferkel.«

Ein paar Tage später war es dann so weit.

Da der Metzger zu dem verabredeten Termin nicht da war, kletterten wir mit unseren 30 Teilnehmern über den Zaun. Die Sau, die hier offensichtlich die Leitung hatte, sagte zu Agia Akal, dass wir uns in Grüppchen zu dritt vorstellen sollten.

Es hatte etwas Sakrales, wie die Dreiergruppen eine nach der anderen feierlich in den Stall hineinschauten. Zum Schluss standen wir alle vor der Scheune, sprachen ein Gebet für die Tiere und wünschten ihnen, dass sie nächstes Mal eine bessere Wiedergeburt erleben sollten.

Agia Akal übersetzte ihre unerwartete Reaktion darauf: »Sie finden ihre Situation nicht so schlimm. Sie sagen, dass sie jedes Mal, nachdem sie geschlachtet worden sind, in diesem gleichen Rudel wiedergeboren werden.«

Auf dem Weg zurück zum Hotel fuhr der Metzger an uns vorbei in seinem Pick-up-Truck – mit zwei Schweinehäuten auf der Ladefläche …

Kriya: Intuitives Sprechen

In einfacher Sitzhaltung: Krümme deine Finger und platziere die 4 Fingerspitzen auf dem Herzzentrum (Brustbeinmitte), die Fingernägel berühren sich dabei. Die Daumen zeigen nach oben. Chante das Mantra HAR im Sekundentakt, sodass jedes Mal der Nabelpunkt eingezogen wird.
Zeitablauf: Chante 3 Minuten laut;
chante 4 Minuten flüsternd;
chante 6 Minuten nur mit der inneren Stimme.
Bewege dabei immer den Nabelpunkt.
Chante 90 Sekunden laut.
Strecke dabei deine Arme mit gespreizten Fingern über den Kopf.
Zum Abschluss der Meditation:
Atme einmal tief ein und presse deine Fäuste gegen die Brust.
Atme aus.

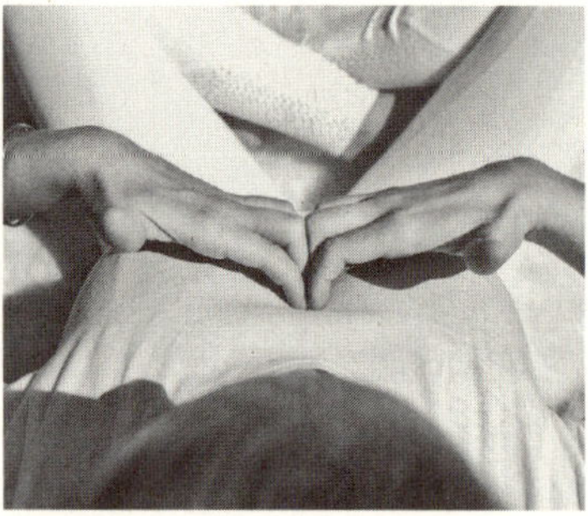

Atme noch mal tief ein und drücke die Fäuste auf den Nabelpunkt.
Halte die Position und den Atem, solange du kannst.
Atme tief ein und bringe deine Fäuste auf Höhe der Schultern.
Halte diese Position.
Sammle dich.
Atme aus und entspanne.
Versuche, den Klang erst in deinen Fingerspitzen, dann in deinem Brustkorb und anschließend im gesamten Körper zu spüren.

Vorbereitungsübungen

Windmühle

Wirkt auf Bronchien und Brustmuskulatur.

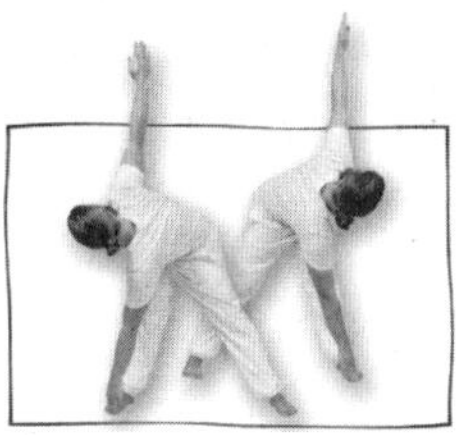

Katze-Kuh

Wirkt auf Brustmuskeln und Rippen.

Frösche

Wirkt auf Lungen und Rippenfell.

Wirbel 18

Kehl-Chakra:
Ich verstehe den Übergang
des Sterbens.

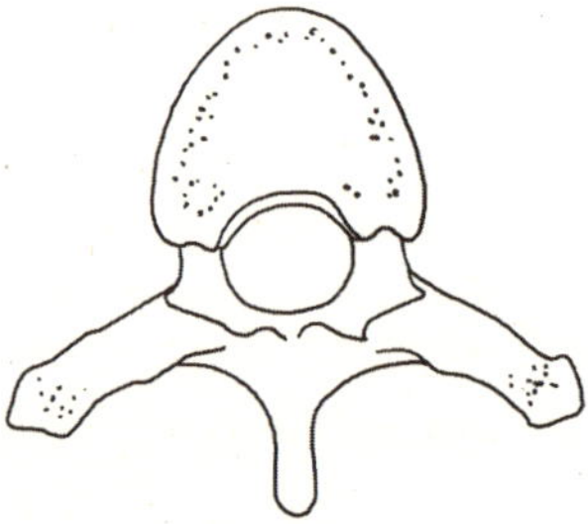

4. Pada:
Ich löse mein Ego auf.

Verbunden mit:
meinen Herzkranzgefäßen,
meinem Herz,
meiner Lunge.

Affirmation:
Ich vertraue auf die
Unsterblichkeit der Seele.

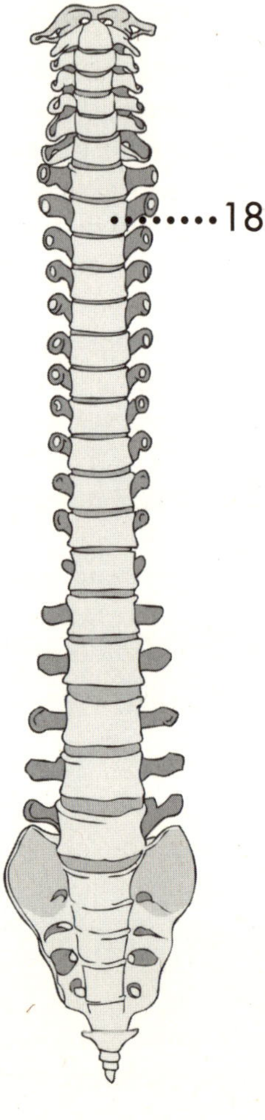

Die Reise durch Wirbel 18: »Meine Seele ist unsterblich«

Gut zurechtzukommen mit Tod und Sterben, sowohl um andere dabei zu begleiten als auch mit dem eigenen Tod gut umgehen zu können, ist ein wichtiger Aspekt unserer Reise. Im Yoga haben wir eine relativ entspannte Vorstellung darüber, weil wir fest an Reinkarnation glauben. Aus dieser Perspektive bedeutet der Tod ein Umblättern zum nächsten Kapitel und kein Ende. Die Seele ist auf ihrer Reise unzerstörbar. Trotzdem ist das Sterben vielleicht das Wichtigste, was du in deinem Leben machen wirst, und es braucht eine gute Vorbereitung, damit in diesem Prozess nichts schiefläuft. Die Schritte des Sterbens nach der Vorstellung des Yoga sind:

1. Dein Körper und einige nicht mehr benötigte energetische Strukturen sterben.
2. Während des Sterbens zeigt sich dir das sogenannte Panorama des Lebens. Als Erstes fällt dir ein, was du ursprünglich vorhattest, in diesem Leben zu lernen. Als Zweites nimmst du die Folgen deiner Taten in diesem Leben wahr – sowohl die Folgen für dich selbst als auch für alle anderen, die dadurch betroffen waren. Als Drittes beurteilst oder verurteilst du dich selbst.
3. Dein sogenannter Subtilkörper, der jegliche Form annehmen kann, verlässt deinen sterbenden Körper, behält aber erst mal feinstofflich dessen Form; dabei trägt er deine Seele und deinen Geist.
4. Du hast 17 Tage Zeit, um dich von Freunden und Verwandten zu verabschieden. Sie können dich zwar nicht direkt wahrnehmen, aber intuitiv schon.
5. Eine Art Tunnel streckt sich zu deinem Subtilkörper hin und bietet dir die Möglichkeit, das Magnetfeld der Erde zu verlassen.
6. Auf der anderen Seite des Tunnels erreichst du ein dir sehr bekanntes, feinstoffliches Zuhause.

7. Dort bleibst du, bis du entweder wieder inkarnierst oder weitergehst in eine höhere Schicht des Äthers.

Um diesen Prozess während des Lebens vorzubereiten, ist es nötig:

- dich darauf zu besinnen, was du in diesem Leben lernen möchtest
- bei deinen Taten die Folgen für andere zu berücksichtigen
- zu lernen, dir selbst und anderen zu verzeihen
- zu üben loszulassen.

Erfahrungsbericht 2003: Die Toten miteinbeziehen

Der Bestatter redete bei jedem Schritt mit der Seele des Verstorbenen, davon ausgehend, dass sie noch in der Nähe war.

In der Kühlzelle des Krankenhauses: »Wir bringen Ihren Körper jetzt zu meinem Institut.«

Auf dem Metalltisch im Arbeitsraum: »Wir werden Ihren Körper jetzt waschen.«

Nach dem Dehnen der Muskeln: »Wir ziehen Ihnen jetzt einen Anzug an.«

In dem Raum der Aufbahrung: »Jetzt kommen Ihre Angehörigen zum Abschied.«

Mein Freund Dharma Singh hatte gerade ein alternatives Bestattungsinstitut gegründet.

Seit einer Woche wohnte ich in einem Tipi auf seinem Grundstück und wartete mit ihm auf Kundschaft – in der alten Bestatter-Weisheit, dass die Kunden sich nie rechtzeitig anmelden.

Bisher war ich eher ein Theoretiker in Sachen Tod gewesen. Ich hatte in allen Quellen, die ich finden konnte, über den Tod gelesen: Spiritismus, Buddhismus, Nahtod-Berichte und natürlich besonders die Yoga-Schriften, die einen klaren Ablauf des großen Übergangs beschreiben. Und ich hatte schon oft Seminare über dieses so intensive Thema gegeben.

Etwa ein Jahr vor dem Tod meiner Eltern und dem von Yogi Bhajan hatte mich eine starke Intuition erfasst – ich solle mich mehr auf praktische Art mit dem Tod beschäftigen. Nun wartete ich während des Praktikums darauf, einen eiskalten Körper zu tragen und zu berühren, und ich wusste nicht, was ich dabei fühlen würde. Ekel? Angst?

Als wir dann den Toten holten,
trug ich den Körper mit,
dehnte die verkrampften Arme
voller schwarzer Flecken,
wo das Blut geronnen war,
rasierte eingefallene Wangen,
schnitt die letzten Fingernägel,
zog ihm den guten Anzug an,
den letzten …

Und es war Respekt.

Kriya: Den Lebens-Ozean überqueren

1. In einfacher Sitzhaltung: Die Augen sind geschlossen.
Bewege die Arme in vertikalen elliptischen Bewegungen, als ob du schwimmst.

Schwimme kräftig, sodass die Bewegung von selbst einen tiefen Atem erzeugt.
Zeitdauer: 3 bis 11 Minuten.

2. In Baby-Haltung: Begib dich in den Fersensitz und lege die Stirn auf deine Unterlage, mache den Rücken rund und lege die Arme neben deinen Körper.
Entspanne in dieser Haltung.
Zeitdauer: 3 bis 7 Minuten.
Um die Übung zu beenden, atme tief ein und, noch immer in Baby-Haltung, bewege deinen Rücken in alle Richtungen; dann komme allmählich wieder zum Sitzen und entspanne.
Stell dir vor, dass du bei dieser Bewegung auf positive Weise deine Reise durch das Leben erlebst – so wie du sie später während des Sterbens in der Rückschau wahrnehmen möchtest.
Die Übungsfolge verstärkt deine Fähigkeit, dein Leben aktiv selbst zu gestalten.

Vorbereitungsübungen

Beinheben

Wirkt auf Lungen und Hüftbeuger.

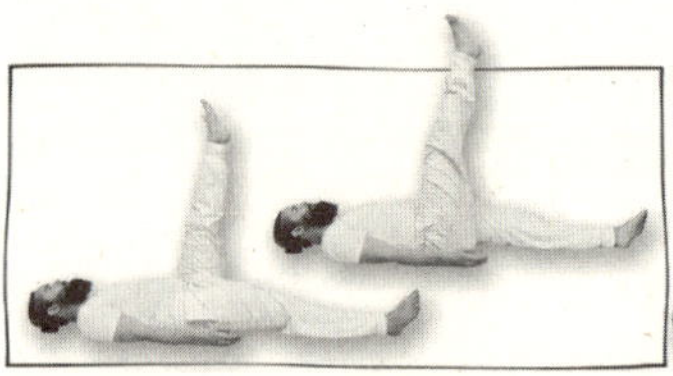

Winkel-Rudern

Wirkt auf Herz und Lungen.

Frösche

Wirkt auf Lungen, Herzkranzgefäße und Herz.

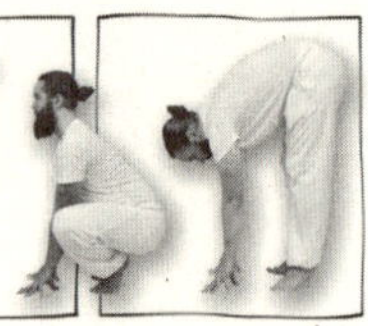

Wirbel 19

Kehl-Chakra:
Ich lasse die Trauer zu.

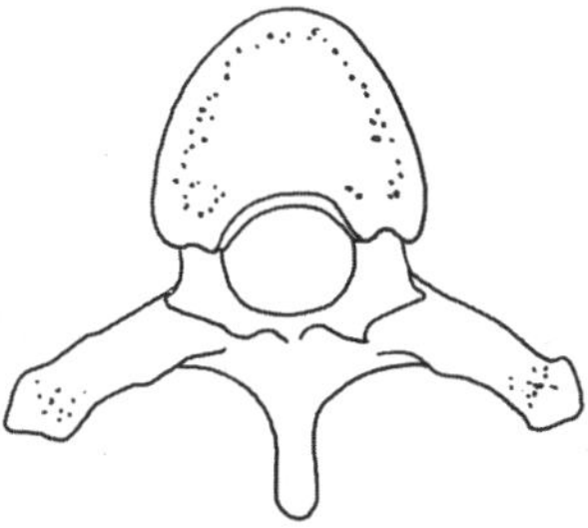

4. Pada:
Ich lasse los.

Verbunden mit:
meinen Fingern,
meinen Händen,
meinen Handgelenken,
meinen Unterarmen.

Affirmation:
Ich halte die Zukunft in
meinen Händen.

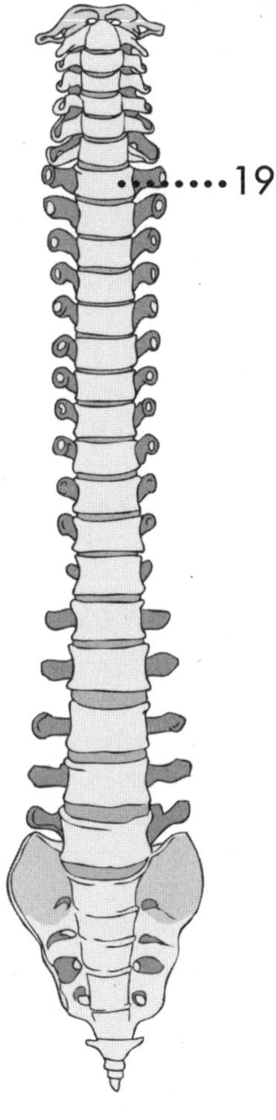

Die Reise durch Wirbel 19: »Ich kann loslassen«

So wie der Tod ist auch die Trauer Teil der Reise der Verwandlung. Manchmal reicht die Vorstellung nicht aus, den geliebten Partner, Verwandten oder Freund in der Ätherwelt, in der wir so viel mehr zu Hause sind als hier auf Erden, wiederzusehen. Trauer braucht seine Zeit. Das gilt nicht nur für den Verlust einer Beziehung, sondern für alle Verluste in deinem Leben. Allmählich wirst du Heilung erfahren und eine neue Lebensvision bekommen.

An Trauerprozessen lassen sich drei Phasen unterscheiden:

Phase 1: Realisierung

Am Anfang des Trauerprozesses steht die Einsicht, die Erkenntnis zuzulassen, dass dein geliebter Partner, dein Verwandter oder Freund wirklich gestorben ist.

Dafür ist es sinnvoll,

a) zusammen mit Verwandten und Freunden eine Totenwache von drei Tagen zu halten.
b) das Mantra AKAL zu singen.[30]
   AKAL bedeutet »unsterblich«. Das Mantra erinnert uns daran, dass die Seele unsterblich ist und deshalb der Kontakt zu dem Verstorbenen auf der Seelen-Ebene immer bleiben wird.
c) Um das, was sich bei der Trauer in dir abspielt (Depression, Wut, Angst usw.) besser verarbeiten zu können, findest du die Übung »Die Verarbeitung unterbewusster Inhalte« auf Seite 148 f. Du kannst sie so oft machen, wie du möchtest, wenn du dich mit den empfohlenen Übungen aufwärmst und die maximale Übungszeit beachtest. Diese Übung ist auch geeignet für Trauerprozesse, in denen Beziehungen aus anderen Gründen als dem Tod verloren gehen oder bei sonstigen Verlusten.

Phase 2: Heilung

d) Chante für dich selbst das Heilungs-Mantra:
RA MA DA SA SA SE SO HANG
Zeitdauer: 11 bis 31 Minuten.

Phase 3: Visionssuche

Diese so tiefe Veränderung in deinem Leben bedeutet nicht nur einen Verlust; sie ist auch ein Impuls für Wachstum. Durch Meditation kannst du neue Möglichkeiten und eine neue Lebensvision entdecken.

Erfahrungsbericht 2004: Letzte Worte

»Im Oktober 2004 starb Yogi Bhajan, und ich stand in der Wüste New Mexicos, während ein blauer Helikopter seine Asche über die Berge um uns herum verstreute.«

Das Yoga-Buch vom Leben und vom Sterben, Satya Singh

Im O-Eating-House in New Mexico hatten wir gerade einige Tische für unsere Gruppe von 20 Leuten zusammengeschoben. Wir warteten auf Speisekarten, um Essen bestellen zu können. Ich ging kurz zur Toilette. Als ich nach ein paar Minuten zurückkam, schaute ich mich beunruhigt um.

Niemand mehr da.

Ich suchte überall.

Alles leer.

Schließlich schaute ich draußen vor der Tür nach.

Meine Freunde waren dabei, in ihre Autos zu steigen.

Ich konnte gerade noch den letzten Platz im letzten Auto ergattern, da fuhren wir schon in einem Mordstempo zurück Richtung Aschram, viel schneller als erlaubt und weit über der Geschwindigkeitsgrenze, die normalerweise in den USA genau beachtet wird.

»Yogi Bhajan macht eine Tour durch den Aschram«, klärten mich die Leute im Auto auf.

Das war tatsächlich etwas Besonderes. Seit er durch eine Nierentransplantation in Indien körperlich noch schwächer geworden war, lebte er, was untypisch für ihn war, zurückgezogen, und die meisten von uns hatten ihn schon seit Jahren nicht mehr gesehen.

Nun saß er in seinem Rollstuhl mitten auf dem zentralen Platz des Aschrams – ganz klein geworden.

Ich fühlte mich ihm gegenüber immer noch schüchtern. Obwohl er schon so oft bei uns in Hamburg zu Besuch gewesen war, wäre ich wahrscheinlich hinten in der Gruppe geblieben, aber zum Glück ermutigte mich jemand: »Geh hin und begrüße ihn.«

Meine Hände zum Gruß zusammengelegt, verneigte ich mich und stammelte so etwas wie: »Sir, ich bin froh, Sie wiederzusehen!«

Er schaute mich wie aus unendlicher Ferne an und sagte dann leise, wie zu sich selbst: »*What a beautiful soul!*«

Vier Tage später, ich war wieder in Hamburg, starb er.

In dem Moment seines Übergangs gab es in New Mexico ein so heftiges Gewitter, dass es sogar in der Zeitung erwähnt wurde.

Ein Jahr später benannten die Behörden die Straße vor der »Hacienda de Guru Ram Das«, in der Yogi Bhajan gewohnt hatte, um in »Yogi Bhajan Highway«.

Kriya: Die Verarbeitung unterbewusster Inhalte

1. In Kuh-Haltung: Auf Händen und Knien, Hände stehen schulterbreit, Knie beckenbreit auseinander.
Hebe deinen Kopf nach oben und hinten.
Die Augen sind geöffnet.
Atme lang und tief.
Denke an etwas, worüber du dir Sorgen machst.
Ein Teil des Gehirns wird sich in der Kuh-Haltung durch die Verarbeitung von unterbewussten Inhalten reinigen können.
Wirkt auch auf die Schilddrüse. Zeitdauer: 3 bis 7 Minuten.
2. In Baby-Haltung: Im Fersensitz bringe deine Stirn zum Boden und lege die Arme neben deinen Körper.
Entspanne in dieser Haltung. Zeitdauer: 3 bis 7 Minuten.
Stell dir vor, dass du in dieser Haltung auf positive Weise deine Reise durch das Leben erlebst – so wie du sie später während des Sterbens in der Rückschau wahrnehmen möchtest.
Die Übungsfolge verstärkt deine Fähigkeit, dein Leben aktiv selbst zu gestalten.

Vorbereitungsübungen

Katze-Kuh

Wirkt auf Handgelenke und Finger.

Winkel-Rudern

Wirkt auf Arme und Hände.

Dreieckshaltung

Wirkt auf Arme und Hände.

Wirbel 20

Kehl-Chakra:
Ich kenne
das Unbekannte.

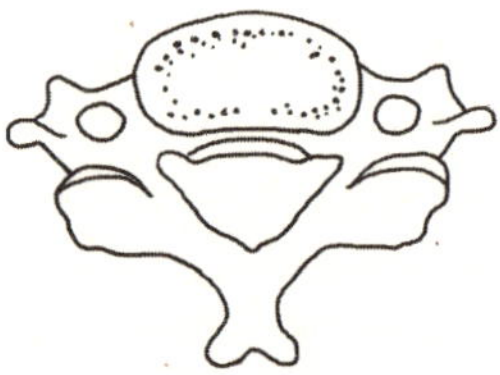

4. Pada:
Ich diene dem Göttlichen.

Verbunden mit:
meinen Ellbogen,
meinen Schultern,
meiner Schilddrüse.

Affirmation:
Ich sehe das Göttliche in
der Schöpfung.

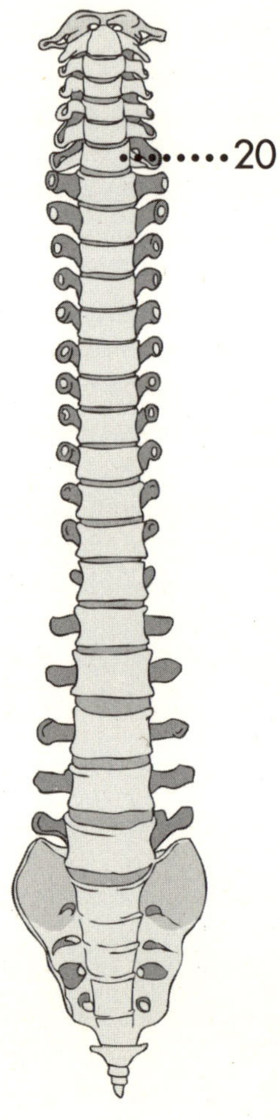

Die Reise durch Wirbel 20: »Ich spreche mit meiner Seele«

Natürlich ist es bei unserer Reise ganz wichtig, beten zu können. Beim Gebet im Kundalini Yoga geht es nicht so sehr um die Kontaktaufnahme mit einem Heiligen oder einer Gottheit außerhalb von dir. Erinnerst du dich an das Mantra »GOTT UND ICH – ICH UND GOTT SIND EINS«? Beten ist eher Kommunikation mit deinem eigenen höchsten, göttlichen Selbst. Es gibt keine Trennung mehr zwischen dem Selbst und dem Unendlichen. Gott ist innen wie außen. Das hat ein paar Konsequenzen:

1. Gott ist eins. Es gibt nicht meinen Gott und deinen Gott. Wenn ich das Universum, das Teil von mir und von dir ist, um eine Lösung bitte, wird es die beste Lösung für alle finden.
2. Deshalb bitte ich auch nicht um ein bestimmtes Ergebnis. Ich bitte eher darum, die Lösung, die mein höchstes Selbst und das Universum finden, akzeptieren zu können.
3. So ist mein Gebet auch kein mentaler Prozess. Es geht darum, mein Herz in Hingabe zu öffnen und aus der eigenen begrenzten Perspektive aussteigen zu können.

Die mächtigsten Gebete sind:

das Gebet der Mutter
das Gebet der oder des Geliebten
das Gebet deines Selbst
das Gebet deines spirituellen Lehrers

Diese Art des Betens braucht einen tiefen, meditativen Geisteszustand. Den kann man lernen.

Erfahrungsbericht 2005: Das Regengebet

»Es ist nicht das Leben, das wichtig ist; es ist der Mut, den du dafür aufbringst.«

Yogi Bhajan

Klatschnass stand der kleine alte Mann im strömenden Regen und sprach in offensichtlich bester Laune die Zeilen des Gebets mit.

Meine kleine Tochter und ich standen trocken unter unserem Baum zehn Meter weiter und beteten auch. Dann sagte Satnam Kaur kurz und ohne das mit mir zu besprechen: »Ich werde ihn unterstützen!«

Sie ging in seine Ecke der Promenade und stellte sich neben ihn. In Sekundenschnelle war sie auch klatschnass.

Verwaist blieb ich einen Moment stehen. Aber was blieb mir anderes übrig? Ich stellte mich neben die beiden in den Regen und betete.

Wir waren im Goldenen Tempel, einem der schönsten Orte der Welt.

Mitten in einem riesigen Becken mit heilendem Wasser steht ein mit massivem Gold verkleidetes kleines Haus, das einem Schmuckkästchen gleichkommt, aus dem den ganzen Tag Shabds[31] klingen.

Im Wasserbecken baden Leute und schwimmen Goldkarpfen. Umsäumt wird es von einer breiten, mit Mandalas eingelegten Promenade aus feinstem italienischem Marmor, mit drei Jujube-Bäumen, die als lebendige Zeitzeugen verehrt werden und in denen Tausende von Spatzen nisten.

Die Promenade wiederum ist umgeben von noblen Wachttürmen und weißen Gebäuden. Außen gibt es ringsherum noch einen Park mit farbenfrohen Bäumen und Blumen.

Dahinter – wo in einem großen Umkreis noch immer die Shabds vom Tempel zu hören sind – beginnt das Kontrastprogramm der Millionenstadt Amritsar voller Müll, Abgase und Lärm und ja, doch auch, Lebensfreude.

Später am Tag kamen wir noch einmal an der Ecke des kleinen Alten vorbei.

Er schenkte jedem von uns eine von ihm selbst gehäkelte Gebetskette. Meine ist hellgrün. Wo auch immer ich hingehe, ich habe sie stets dabei. Was Gott mit mir vorhat – ich weiß es nicht.

Aber mit dieser Gebetskette wird er schon ein bisschen vorsichtig sein.

Kriya: Beten lernen

In einfacher Sitzhaltung: Verschränke deine Finger so ineinander, dass der linke kleine Finger außen liegt. Strecke dann deine beiden Zeigefinger nach oben. Kreuze den rechten Daumen über dem linken.
Halte die Mudra vor deinem Herzzentrum in der Mitte des Brustbeins.
Die Augen sind geschlossen.
Dein Atem geht langsam, tief und meditativ.
Erzeuge vor deinem inneren Auge ein Bild von dir, das dich ruhig und strahlend zeigt.

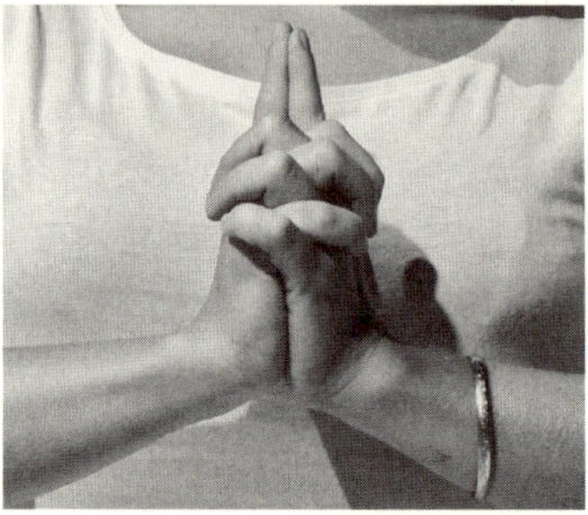

Stell dir vor, du sitzt auf dem Gipfel des Mount Everest und die ganze Welt liegt dir zu Füßen.
Betrachte dabei deine Wirbelsäule als Röhre voller strahlendem Licht. Das Licht erstreckt sich von der Basis deines Nackens bis hinunter zum Steiß. Mit jedem Gedanken kannst du Lichtwellen über den gesamten Globus aussenden. Dein Gebet ist wie ein Stein, der mitten ins Wasser geworfen wird: Er erzeugt große und kleine Wellen. Spüre, wie diese großen und kleinen Wellen bis in die Unendlichkeit fließen.
Die Kraft deiner Seele ist die wahre, reine Kraft. Lass diese Kraft deiner Seele nach außen schwingen; sie ist unbegrenzt. Mit jedem Atemzug und jeder kleinen Welle deines Herzschlages projiziere, segne und lass dich segnen.
Verschmilz mit der Unendlichkeit und lass dich von der Unendlichkeit finden.
Zeitdauer: 7 bis 31 Minuten.
Zum Beenden: Mache 1 Minute in der Haltung kräftigen Feueratem. Dann strecke die Arme in einem 45-Grad-Winkel zur Seite nach oben und drehe deine rechte Hand gegen den Uhrzeigersinn, deine linke Hand im Uhrzeigersinn. Jedes Mal, wenn die Hände nach oben zeigen, lege ein paar Sekunden Pause ein und flattere mit deinen Fingern, als ob du Energie verbreitest. Nach 1 Minute entspanne dich.

Vorbereitungsübungen

Windmühle

Wirkt auf Schultern und Arme.

Winkel-Rudern

Wirkt auf Schultern und Ellbogen.

Dreieckshaltung

Wirkt auf Schultern und Arme.

Wirbel 21

Kehl-Chakra:
Meine Gedanken
erschaffen meine Welt.

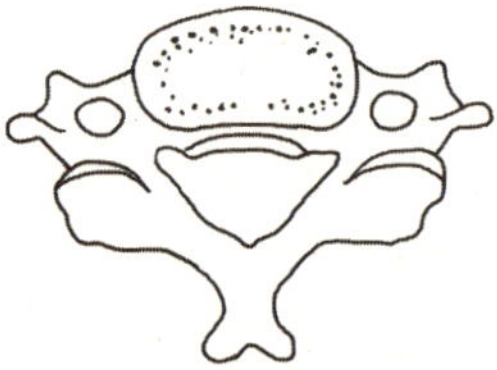

4. Pada:
Ich bin mir der Wirkung
meiner Gedanken bewusst.

Verbunden mit:
meinen Nackenmuskeln,
meinen Schultern,
meinem Trapezmuskel,
meinen Mandeln.

Affirmation:
Ich entspanne meine
Schultern und lasse die
Vergangenheit los.

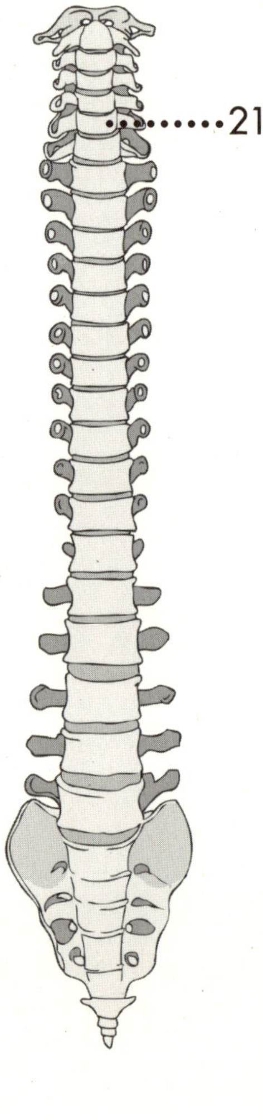

Die Reise durch Wirbel 21: »Ich erschaffe mein Universum«

Du erschaffst nicht nur deine Seelenreise, letztendlich erschaffst du dein ganzes Universum. Lass dir diesen Gedanken nicht zu Kopf steigen und dein Ego belasten. Wir alle, so wie wir Teil des All-Bewusstseins sind, erschaffen das Universum. Es passiert vielleicht nur selten, so wie in der Erfahrungsgeschichte zu diesem Wirbel, dass man sich selbst dabei ertappt. Aber täglich erschaffst du durch deine Gedanken, Taten, Haltung und Entscheidungen das Universum. Das kannst du ganz konkret gestalten.

Manchmal, wenn ich Yoga unterrichte und ich merke, dass etwas nicht stimmt, die Leute nicht gut drauf sind, ich sie nicht wirklich erreiche, schaue ich mir jede vor mir liegende Gestalt (ich mache das meistens in einer kleinen Entspannung) an und erschaffe sie neu mit dem hawaiianischen Gebet: »Es tut mir leid, bitte verzeihe mir, danke, ich liebe dich.« Ich übernehme damit die Verantwortung dafür, dass offensichtlich das, was ich heute wahrnehme und worunter meine Schüler leiden, nicht das Beste für sie war.

Die Gesetze, die hier greifen, sind:

1. Gesetz des Geistes

Alles besteht aus Geist. Unsere Gedanken schaffen alles und verändern alles.

2. Gesetz der Entsprechungen

Wie oben – so unten, wie unten – so oben. Wie innen – so außen, wie außen – so innen. Wie im Großen – so im Kleinen.

3. Gesetz der Reinkarnation

Es gibt Muster und Vorgänge, die aus früheren Leben stammen, an denen du in diesem Leben weiterarbeitest, ohne dir dessen bewusst zu sein.

Die Teddybär-Kriya auf Seite 159 f. kann dir helfen, dich dem doch ziemlich abstrakten Begriff des Universums auf ganz konkrete Weise etwas anzunähern.

Erfahrungsbericht 2005: Hase und Igel

Als der Hase endlich ankam, rief ihm der Igel entgegen: »Ich bin schon da!«

Grimmsches Märchen

»Ich war«, erzählte Miriam mir, »mit meinem Mann auf Zypern. Wir haben alle Orte besucht, die in deinem Roman vorkommen.«

So weit, so gut. Eine derartige Reise habe ich selbst mal gemacht.

»Und«, berichtete sie, »wir haben den Reif gefunden.«

Was? Das kann nicht sein! Den Reif gibt es nicht in echt; ich habe ihn erfunden!

»Ja«, sagte sie, »die Krone des Lazarus. Hier hast du ein Foto.«

Tatsächlich: Durchschnitt von 30 Zentimetern – ein platter silberner Ring mit 12 eingelegten Halbedelsteinen.

Haargenau wie meiner. Ich verstehe das Universum nicht mehr.

Zu der Idee des Reifes auf Zypern war ich doch über sehr rationelle Überlegungen gelangt: Welches Thema wähle ich? Nach langem Nachdenken entscheide ich mich für den Kreis der 12 Stufen der Seelenentwicklung, weil das immer so gut ankommt, wenn ich es erkläre: Brahman → Mineralien → Pflanzen → Tiere → Babyseelen → Kinderseelen → junge Seelen → reife Seelen → alte Seelen → Schutzgeister → Verschmelzung → wieder zurück zu Brahman.

Wie stelle ich diesen Kreis und die 12 Stufen so dar, dass ich in meinem Roman damit etwas anfangen kann? Wieder nach langem Nachdenken: Ich nehme einen Wurfreif, so wie er im Punjab gerne um den Turban getragen wird, mit 12 Halbedelsteinen, eingelassen für die 12 Stufen. Der Held, vielleicht ein Archäologe, kann dann die verloren gegangenen Steine suchen und sich dabei an vergangene Leben erinnern.

Wo lasse ich es stattfinden? Nach langem Nachdenken kam ich

auf Zypern – eine gute Schnittstelle zwischen Ost und West mit Einflüssen aus Arabien, Ägypten, Griechenland … Der Held kann dann in vielen interessanten archäologischen Stätten nach den Steinen forschen.

Und jetzt liegt da Miriams kleines Foto vom Grab des Lazarus, das ich damals nicht besucht habe, weil es eigentlich im Buch nicht vorkommt! Zwischen der auf dem Grab liegenden Krone und meinem Fantasiegebilde gibt es schon ein paar kleine Unterschiede. Der Lazarus-Reif ist etwas dicker als meiner, und seine 12 Halbedelsteine scheinen nur aus zwei Sorten zu bestehen und nicht aus 12 unterschiedlichen wie bei mir. Aber das sind lediglich minimale Unterschiede – wie lässt sich dieses Überlappen von Fantasie und Wirklichkeit erklären?

Kriya: Der kosmische Teddybär

1. In einfacher Sitzhaltung: Die Hände im Gyan-Mudra, mit Daumen- und Zeigefingerspitzen zusammen.
Fang an, lang und tief zu atmen. Meditiere dabei auf den Atem.
Beim Einatmen denke SAT, beim Ausatmen denke NAM.

Zeitdauer: 3 bis 11 Minuten.

2. In der Rückenlage: Die Hände liegen ungefähr 15 cm vom Körper entfernt.

Fühl dich zu Hause, gemütlich, liebe dich selbst, liebe deine Seele. Stell dir den Kosmos, das Universum, Gott als Teddybär vor. Nimm diesen Teddybären in deine Arme. Spüre, wie der kosmische Teddybär dich umarmt. Fühl dich dem Universum ganz nah.

Zeitdauer: 7 bis 11 Minuten.

Vorbereitungsübungen

Windmühle

Wirkt auf Nackenmuskeln und Trapezmuskel.

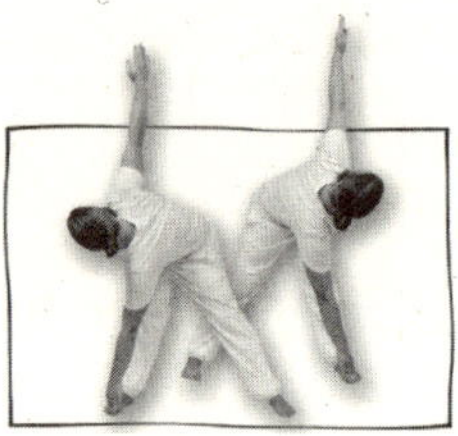

Katze-Kuh

Wirkt auf Trapezmuskel und Schultern.

Dreieckshaltung

Wirkt auf Arme und Schultern.

Wirbel 22

Kehl-Chakra:
Ich spreche einen Segen.

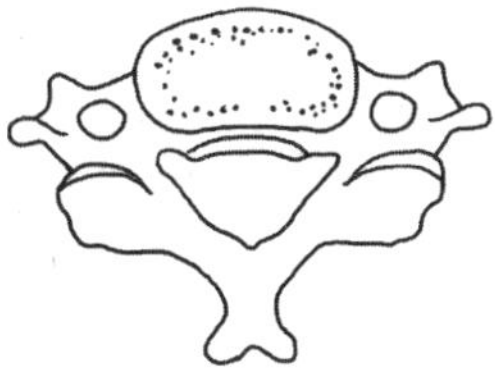

5. Pada:
Ich segne alle.

Verbunden mit:
meinem Zwerchfell,
meinem Rachen,
meinen Stimmbändern.

Affirmation:
Ich segne mich selbst.

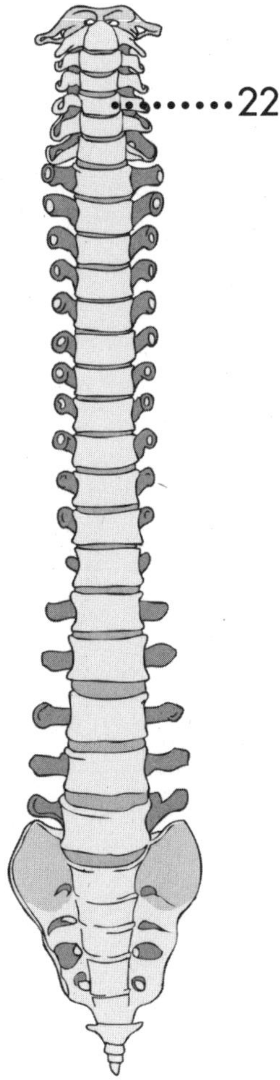

Die Reise durch Wirbel 22: »Ich segne mich selbst«

Sich selbst oder jemand anderes zu segnen, sollte nicht von der Zugehörigkeit zu einer Religion abhängig sein. Du brauchst nicht im Namen einer äußeren Gottheit oder eines Heiligen zu segnen. Es reicht die Vorstellung, dass du vom Herzen und von deinem höchsten Selbst aus eine positive, schützende, glückbringende Energie überträgst. Dabei kannst du Gesten und Worte benutzen, wodurch es sozusagen öffentlich wird, oder du machst es eher still in deinen Gedanken.

Ein Segen hat immer eine doppelte Wirkung. Wenn du dich selbst segnest, wird das auch auf andere ausstrahlen. Wenn du andere segnest, wird der Segen auch zu dir zurückkommen.

Fange erst mal damit an, dich selbst jeden Tag ausgiebig zu segnen. Wenn du das eine Weile geübt hast, dann segne 40 Tage lang wenigstens fünf Leute pro Tag.

Eine gute Praxis, um damit zu beginnen, ist folgende:

Wenn du morgens aufstehst:
- segne deinen Kopf
- segne deine Nase
- segne deine Ohren
- segne deine Augen
- segne deinen Mund
- segne deine Zähne
- segne deinen Hals
- segne deine Brust
- segne deine Arme
- segne deinen Bauch

(...)
Am Abend solltest du segnen:
- deine zehn Zehen

- deine zehn Finger
- deine Ohrläppchen
- deine Ohrmuscheln

Dann werte deinen Tag aus. Und nachdem du deinen Körper gesegnet hast, segne deine guten Taten und deine guten Gedanken des Tages.

Erfahrungsbericht 2007: Bruder Stier

»Shiva, der Zerstörer … nimmt manchmal die Form eines weißen Stiers an … weiß wie Schnee, sein Körper riesig, seine Augen sanftes Braun, und seine Hörner hart wie Diamant mit scharfen roten Spitzen, fähig, die Erde aufzureißen.«

Richard Leviton

Der Stier kam näher, während wir uns in die Augen schauten. Diesmal entschied ich mich, stehen zu bleiben, obwohl mir noch immer etwas mulmig war – letztendlich hatte er lange, spitze Hörner. Es waren aber so viele Leute auf der Straße, dass ich dachte, es wird wohl jemand helfen, wenn es nötig ist. Ich war einfach neugierig, was er machen würde, wenn er mich erreichte.

Fünf Schritte … vier Schritte … drei Schritte … zwei Schritte …

Es passierte in Rishikesh, einer Kleinstadt am Fuß des Himalaja, wohin die Yogis aus den umliegenden Bergen kommen, um Essen zu holen. Es gibt ausgedehnte Yoga-Aschrams und im Wasser des breiten Ganges eine riesige blaue Shiva-Skulptur.

Und überall spazieren mittelgroße braune Stiere, die Shiva gewidmet sind, frei herum – sie wühlen im Abfall und werden manchmal auch von den Besitzern der kleinen Lädchen gefüttert. Ehrlich gesagt, dachte ich, als ich das erste Mal dort war: Aha, das sind jetzt die berühmten heiligen Kühe von Indien. Ich fand es ganz toll, dass Tiere so in die Gesellschaft integriert sind und schaute nicht weiter auf ihr Geschlecht.

Bis ich zweimal in den folgenden Jahren vielleicht etwas zu dicht an einem dieser Tiere vorbeiging und durch einen beiläufigen Rippenstoß eines knochigen Kopfes, von dem zu meinem Glück die Hörner entfernt waren, ein Stück nach oben und zur Seite geworfen wurde.

Diesmal kam ich mit meinem Schaffell unter dem Arm aus dem Hotel, um mein Yoga zu machen. Die schmale Straße, die durch die aufgehende Sonne beleuchtet wurde, wirkte wie leer gefegt; die Menschen schliefen noch.

Sofort fiel mir ein weißer Stier auf, der 50 Meter entfernt auf der linken Straßenseite stand, mit geschwungenen Hörnern am Kopf, und mich aus dunklen Augen freimütig anschaute. Minutenlang blieb ich wie festgenagelt vor Bewunderung auf der Treppe des Hotels stehen. So ein schönes, würdevolles Tier hatte ich noch nie gesehen.

In dauerndem Augenkontakt mit dem Stier ging ich die Treppe hinunter. Als ich an der rechten Straßenseite an ihm vorbeigehen wollte, kam er langsam Schritt für Schritt auf mich zu.

Das war mir dann aber doch zu viel. Dieser Stier hatte große Hörner. Und die Straße war noch immer menschenleer. Ich ging ein bisschen schneller, um eine direkte Begegnung zu vermeiden, und war froh, dass er mir nicht folgte.

Ein paar Stunden später, nachdem ich mein Morgen-Yoga beendet hatte, verließ ich durch die schmiedeeiserne Pforte den großen Aschram-Garten und bog wieder in die Straße zu meinem Hotel ein.

Zu meinem Erstaunen stand da noch immer der weiße Stier, diesmal auf der anderen Straßenseite. Und obwohl die Straße jetzt voller fahrradschiebender Wasserverkäufer, Rikscha-Fahrer und einkaufender Frauen war, schaute er mir, sobald ich aus dem Tor trat, wieder direkt in die Augen.

Als ich an ihm vorbeigehen wollte, kam er – so schien es mir – extra langsam auf mich zu, als ob er sich darüber bewusst war, dass es für mich nicht so einfach war, ihm zu begegnen, und er mich nicht erschrecken wollte. Was wollte er dann von mir?

Er machte einen letzten Schritt auf mich zu, während ich ihm noch immer gebannt in die Augen schaute.

Dann setzte er seinen linken Vorderhuf nach vorne gestreckt auf, beugte seinen rechten Huf und seinen Hals – und verneigte sich vor mir.

Bewegt brachte ich meine Hände zusammen und verneigte mich ebenfalls mit äußerstem Respekt.

Nach diesem besonderen Moment beeilte ich mich, in mein Hotel zu kommen, holte meine Kamera und ging schnell wieder zurück.

Welche Gottheit oder welcher Yogi auch vorher in ihm gewohnt hat: Auf dem Videoclip schnüffelt nur ein etwas schmuddeliger weißer Stier am Rand der Straße nach etwas Essbarem. Und würdigt mich, der mit der Kamera direkt vor ihm steht, keines Blickes …

Kriya: Sich selbst segnen

In einfacher Haltung: Bringe deine rechte Hand ungefähr 15 cm über deinen Scheitelpunkt. Dein linker Unterarm und die linke Hand befinden sich mit der Handfläche nach unten horizontal vor deiner Brust.
Die rechte Hand ist die gebende Hand, die Energie ausstrahlt in

das Kronen-Chakra, das Energiezentrum, das mit dem Universum verbunden ist.
Die linke Hand ist die aufnehmende Hand, die Energie zum Herzen bringt.
Chante:
ICH SEGNE MICH SELBST.
ICH SEGNE MICH SELBST.
ICH BIN. ICH BIN.
Zeitdauer: 3 Minuten.
Danach wiederhole dreimal:
MEIN HERZ, ICH LIEBE DICH.
Lege dabei deine rechte Hand auf dein Herz.
MEINE AUGEN, ICH LIEBE EUCH.
Lege deine rechte Hand auf deine Augen.
MEIN KOPF, ICH LIEBE DICH.
Lege deine rechte Hand auf deinen Kopf.
ICH LIEBE DICH.
Lege deine rechte Hand auf den Bauch.
ICH LIEBE DICH.
Lege deine Hände auf die Knie.
Eine zusätzliche Aufgabe: Segne in den kommenden 40 Tagen täglich noch mindestens fünf andere Menschen.

Vorbereitungsübungen

Winkel-Rudern

Wirkt auf Armbeuger und Wirbelsäule.

Tantrik-Sudra-Siddhi

Wirkt auf Armbeuger und Becken.

Dreieckshaltung

Wirkt auf Zwerchfell und Bauchorgane.

Wirbel 23

Stirn-Chakra:
Ich sehe meinen Weg.

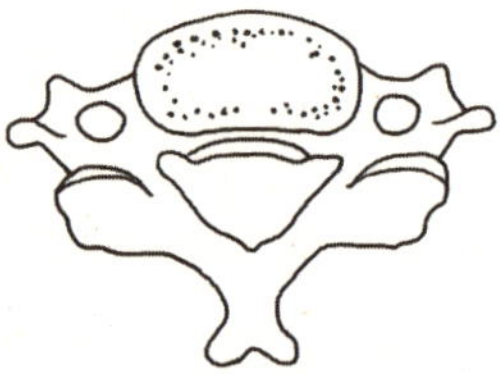

5. Pada:
Ich bin.

Verbunden mit:
meiner Eustachischen Röhre,
meinen Lippen,
meinem Mund,
meiner Nase.

Affirmation:
Ich wachse in Weisheit.

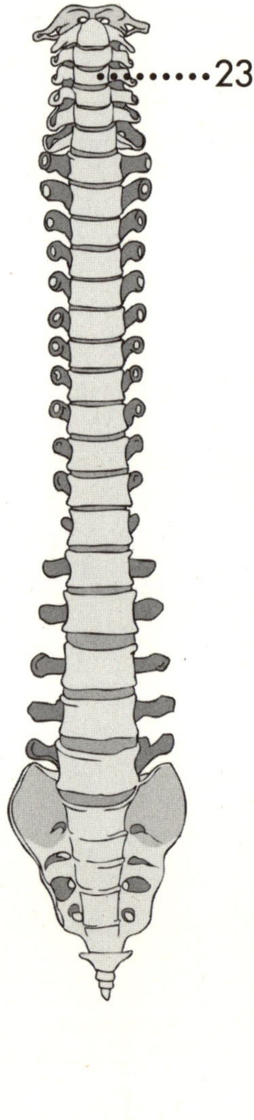

Die Reise durch Wirbel 23: »Ich mag es, alt zu werden«

Es gibt drei verschiedene Lebensrhythmen, die unsere Reise beeinflussen: Alle 7 Jahre macht unser Bewusstsein eine grundlegende Änderung durch. Die Themen werden andere.

Alle 11 Jahre ändern sich unser Geist, unsere Meinungen und unsere Lebensperspektive.

Alle 18 Jahre gibt es körperliche Veränderungen. Unsere Energie, unser Schlafrhythmus und unsere Art zu essen ändern sich.

Manchmal häufen sich diese Rhythmen, wenn zwei oder drei davon zusammentreffen. Das sind intensive Übergänge und potenzielle Krisen im Leben.

Bei der sogenannten Midlife-Crisis kommen der 7er- und der 11er-Rhythmus zusammen: Die Zeit um das 42. (= 6 mal 7) und 44. (= 4 mal 11) Lebensjahr bedeutet das endgültige Ende der Jugend.

Und im Alter von 54 (= 3 mal 18), 55 (= 5 mal 11) und 56 (= 8 mal 7) kommst du an den Punkt, an dem du anfängst, die Endlichkeit des Lebens zu realisieren, und überlegst, was du noch machen möchtest, bevor du stirbst. Nach diesem 54er-/55er-/56er-Cluster beginnt der neue Lebensabschnitt des Älterwerdens, der eine eigene Schönheit und Würde in sich birgt und folgende Änderungen mit sich bringt:

- weniger Geschlechtshormone
- weniger Geschwindigkeit, Kraft und Masse der Muskeln
- Organe und Muskeln erholen sich langsamer
- Nerven reagieren langsamer
- weniger Gehirnzellen
- das Immunsystem ist weniger effizient
- das Gedächtnis wird schlechter
- Hören und Sehen werden schlechter

- das Bedürfnis, anderen zu helfen und Karma-Yoga zu tun, wird größer
- mehr Interesse am Sein und weniger am Handeln
- mehr Weisheit und eine intensivere Spiritualität

Als ich dem uralten Yogi begegnete, wie ich es im Erfahrungsbericht zu diesem Wirbel beschreibe, war ich 57 Jahre alt.

Erfahrungsbericht 2007: Mein 134-jähriger Kollege

»Der älteste Mensch, dessen Alter vollständig verifiziert wurde, ist die Französin Jeanne Calment, die im Alter von 122 Jahren und 164 Tagen starb.«

Wikipedia 2017

Mitten im Gespräch fragte mich der alte orange gewandete Yogi: »Ist es okay, wenn ich eine rauche?«

Erst jetzt fiel mir die gelbe Verfärbung inmitten seines ehrwürdigen weißgrauen Barts auf. »Lieber nicht«, sagte ich.

»Das dachte ich mir schon«, meinte er und ging auf den Balkon des Restaurants, das auf Pfählen über den Ganges gebaut war. Marihuana-Rauch waberte dezent über den Fluss.

Als er zurückkam, entschied ich mich, ihn auch ein bisschen zu konfrontieren.

»Wie kann es sein«, fragte ich, »dass du so lange Yoga machst und noch immer rauchst?«

Ein paar Tage vorher hatte ein Bekannter mir hier in Rishikesh von einem besonderen Rishi[32] erzählt, der auch ein Heiler wäre. Er hatte sein Knie geheilt, indem er ein Blutgefäß korrigierte, das sich um einen Nerv gewickelt hatte. Das klang unwahrscheinlich, aber interessant, und ich bat ihn darum, mir einen Termin bei diesem Mann zu vermitteln, hauptsächlich, weil ich hier in der Hauptstadt der Rishis endlich mal einen echten Yogi treffen wollte.

Jetzt hatte mein Mittelsmann mir erzählt, dass der Rishi mich im Restaurant treffen würde, da sein Hotelzimmer gerade sauber gemacht wurde. Das klang zwar nicht, wie insgeheim erhofft, nach jemand, der nach Jahren der Meditation aus den Bergen zurückgekehrt ist, aber es war trotzdem nett, dem Yogi, etwa so groß beziehungsweise klein wie ich, aber mit längerem Bart und sorgfältig gebürsteten langen grauen Haaren, zu begegnen.

Etwas verwundert hatte ich die zwei Handys zur Kenntnis genommen, die vor ihm auf dem Tisch lagen, die großen silbernen Ringe an seinen Fingern und die unbewusst eitle Geste, wie er ab und zu mit seinen Fingern seine langen Locken kämmte.

»Ja«, begann er, um gleich seinen Status als großer spiritueller Lehrer klarzumachen, »ich habe dieses Thema auch mit Bhagwan Shree Rajneesh und Maharishi Mahesh Yogi besprochen, und die hatten auch keine gute Antwort: Sag du mir doch, was ist die Energie des ersten Chakras?«

Ich schaute ihn etwas unsicher an. Was meinte er? Zögernd fing ich an, etwas über die Kundalini-Energie zu erzählen, während er leicht den Kopf schüttelte. Das Gespräch, das sich daraus entwickelte, war trotzdem nett und geprägt von einer gewissen gegenseitigen Anerkennung; zum Beispiel bestand er trotz meines Drängens darauf, das Essen zu bezahlen.

Als er vom Rauchen zurückkam, stellte ich ihm meine Frage. Er schaute mich treuherzig an: »Ich rauche Marihuana«, sagte er, »weil ich Magenkrebs hatte und große Schmerzen, als ich 78 Jahre alt war.«

»Ist das lange her?«, fragte ich ihn.

»Ja«, meinte er, »und jetzt bin ich abhängig davon.«

Das hätte auch ein Gespräch auf Sankt Pauli sein können – außer der Altersangabe.

»Wie alt bist du denn dann jetzt, wenn ich fragen darf?«

»134 Jahre«, sagte er, mir noch immer fest in die Augen schauend.

Irgendwie glaubte ich ihm.

Nun sah ich meine Chance. »Erzähl du mir jetzt doch mal, was die Energie des ersten Chakras ist.«

Und auch er kam nicht gut mit dem Thema klar. Und diesmal war ich es, der innerlich fröhlich den Kopf schüttelte.

Kriya: Jung bleiben

Im Stand: Die Beine sollten nur zu 95 Prozent gestreckt sein. Bringe den Oberkörper so weit wie möglich nach vorne und nach unten. Lege deine Handrücken oder Handgelenke auf deine Fußrücken. Wenn du mit den Händen nicht so weit nach unten kommst, stütze dich auf den Unterschenkeln ab.
Versuche, in dieser Position den Rücken möglichst gerade zu halten.
Atme lang und tief.
Zeitdauer: 1 bis 3 Minuten.
Zum Beenden: Beuge die Knie, setze deine Hände auf deine Oberschenkel, strecke die Arme und mache deinen Rücken wieder gerade.
Entspanne dich danach.
Die Übung fördert die Durchblutung von Kopf und Gesicht. Wenn der Rü-

cken dabei möglichst gerade gehalten wird, regenerieren sich die Bandscheiben. Die Rückenmuskulatur und Rückseiten der Beine werden gedehnt.
Für Menschen mit Thrombose- oder Schlaganfallrisiko: Gehe nicht weiter hinunter mit deinem Oberkörper als horizontal und stütze dich dabei mit den Händen auf den Oberschenkeln ab.

Vorbereitungsübungen

Katze-Kuh

Wirkt auf Kopf und Gesicht.

Frösche

Wirkt auf Durchblutung des Kopfes und des Gehirns.

Dreieckshaltung

Wirkt auf Durchblutung des Gesichts und des Gehirns.

Wirbel 24

Stirn-Chakra:
Ich kenne mein Karma.

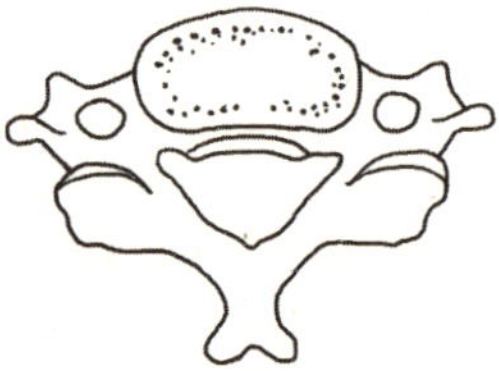

5. Pada:
Ich beende mein Karma.

Verbunden mit:
meinen Zähnen,
meinen Wangen,
meinen Ohren,
meinen Gesichtsnerven,
meiner Hirnanhangsdrüse.

Affirmation:
Ich weiß, was gut für meine Seele ist.

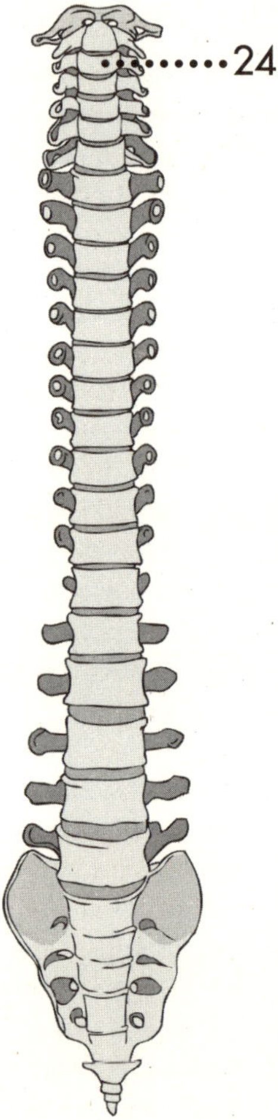

Die Reise durch Wirbel 24: »Ich kenne mein Karma«

Der Begriff Karma bedeutet »die Konsequenzen deiner Taten«. Karma spielt eine wichtige Rolle bei der Seelenreise. Jeder Wirbel birgt sein spezifisches Karma, seine Lektion, seine typischen Fehler, die aus Unsicherheit, Egoismus oder Mangel an Bewusstsein begangen werden. Wer einen Fehler macht, wird als Konsequenz daraus erfahren, dass andere den gleichen Fehler ihm gegenüber begehen – gemäß dem sogenannten Karma-Gesetz: »Alles, was du tust, kommt zehnfach zu dir zurück.« Deine Fehler werden dir gespiegelt, bis du dir bewusst wirst, was du damit bei dir selbst und anderen anrichtest, und dein Verhalten änderst.

Dieses Karma-Gesetz beinhaltet aber auch die andere Seite: Deine guten Taten werden dir ebenfalls gespiegelt – wahrscheinlich, um dich in diesem Verhalten zu unterstützen.

Darauf basiert das sogenannte Karma-Yoga: Du dienst der Gemeinschaft, und irgendwann und irgendwo (meistens indirekt und häufig über mehrere Leben verteilt) kommt das als Unterstützung für dich selbst zurück.

Diese Projekte sind voller besonderer Lektionen, und es ist leicht möglich, beim Karma-Yoga etwas falsch zu machen; zum Beispiel durch das sogenannte Helfersyndrom, wenn dein Selbstwertgefühl davon abhängig wird, anderen helfen zu können.

Hier ein paar Hinweise:

1. Karma-Yoga sollte dir Freude bringen.
2. Nach einer solchen Tat / Aktion fühlst du eine Empfindung von Energie – so wie bei allen Yoga-Aktivitäten.
3. Lege in deiner Vorstellung das Ergebnis deines Karma-Yoga auf deinen Altar – es gehört nicht dir.
4. Lote deine Grenzen aus, bevor du mit Karma-Yoga beginnst.
5. Respektiere deine Grenzen, wenn du Karma-Yoga machst.

6. Fühle dich nicht schuldig, wenn du nicht an einem Karma-Yoga-Projekt teilnimmst, das dir angeboten wird.
7. Schreibe ein Tagebuch über dein Karma-Yoga, um den Prozess bewusster zu machen.

Erfahrungsbericht 2011: Das Karma-Spiel

»Ich glaube nicht an Wunder, ich rechne damit.«

Yogi Bhajan

Viele Jahre war ich »Président« der Château Anand Association, die das Projekt bezüglich eines wunderschönen Schlosses in Frankreich entwickeln sollte. Die europäische 3HO-Stiftung[33] hatte es gekauft, um das europäische Yoga-Festival dort stattfinden zu lassen. Bei diesem Karma-Yoga-Projekt wechselten sich in schier unvorstellbarem Tempo unglaubliche Glücksfälle mit leider noch viel unglaublicheren Pechsträhnen ab.

Ich versuche, einen kleineren Abschnitt davon als Leela-Spiel[34] zu beschreiben.

1. UNGEDULD
Das leitende Trio (Bauleiter, Finanzmanager und ich – alles Freiwillige) begann sofort und in einem viel zu schnellen Tempo, die Renovierung des Geländes in die Wege zu leiten, um das Yoga-Festival dort bald stattfinden lassen zu können.

2. VERSPRECHUNGEN
Der Bankmanager sagte unserem Finanzmanager:

»Monsieur, wir hatten so viele Jahre eine gute Geschäftsbeziehung. Natürlich können wir Ihnen Geld leihen. Wie viel brauchen Sie denn?«

Von diesen freundlichen Worten beruhigt, erlaubten wir den Baufirmen, das Budget um 300 000 € zu überziehen.

3. ERKENNTNIS
Der Bankmanager schaute sich unsere Webseite an – und sah lauter Bilder von Menschen mit geschlossenen Augen und erhobenen Armen.

Würdest du diesen Leuten Geld leihen?

»Aber, Monsieur, Sie sind Mitglied in einer Sekte!«

Gebissen von einer Karma-Schlange: Gehe zu 4.

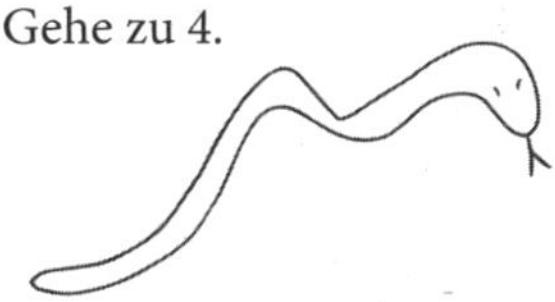

4. REUE
Bankmanager vieler anderer Geldhäuser wurden kontaktiert. Anfangs: freundlicher Empfang. Am Ende: Darlehen abgelehnt.

Unsere Baufirmen drohen mit Gerichtsverfahren …

Hochkatapultiert durch einen Karma-Pfeil: Gehe zu 5.

5. GNADE
Meine Schwägerin war bei uns zu Besuch und lud ihrerseits ihre Freundin Elisabeth ein, bei uns zu übernachten. Elisabeth meinte ungefragt: »Ich habe vor Kurzem viel Geld geerbt, ich leihe euch 300 000 €, wenn ihr es wollt.«

Das wollten wir …

Gebissen von einer Karma-Schlange: Gehe zu … usw.

Kriya: Karma-Reinigung

In einfacher Sitzhaltung: Deine Augen sind geschlossen.
Die Unterarme sind parallel zum Boden nach vorne gestreckt; die Ellbogen entspannt und die Hände leicht schalenförmig geformt. Dann bringe die Arme so weit hoch, dass die Ellbogen auf Schulterhöhe sind und die Hände so weit wie möglich nach hinten über deinen Schultern.
Stelle dir dabei vor, wie du mit einer schnellen Bewegung des Handgelenks Wasser an deinen Schläfen und Ohren entlang nach hinten wirfst.

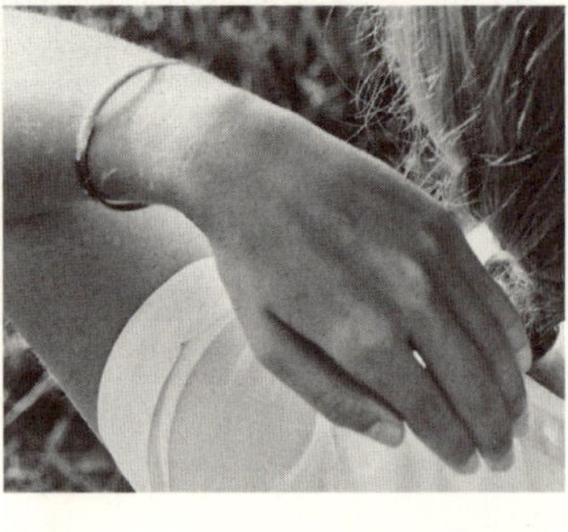

Chante dazu:
WAHE GURU
1-mal die Bewegung
WAHE GURU
1-mal die Bewegung
WAHE GURU
1-mal die Bewegung
WAHE JIO
1-mal die Bewegung

Zeitdauer: 3 bis 11 Minuten.
Die Bewegung reinigt die Bogenlinie, eine ungefähr 11 cm breite feinstoffliche Struktur, die sich von einem Ohrläppchen zum anderen Ohrläppchen über deinem Kopf befindet - dort ist der Stand deines Karmas gespeichert.

Vorbereitungsübungen

Heuschrecke

Wirkt auf Kopf und Gesicht.

Windmühle

Wirkt auf die Durchblutung von Kopf und Nackenmuskulatur.

Dreieckshaltung

Wirkt auf Brustwirbelsäule und Durchblutung des Gesichts.

Wirbel 25

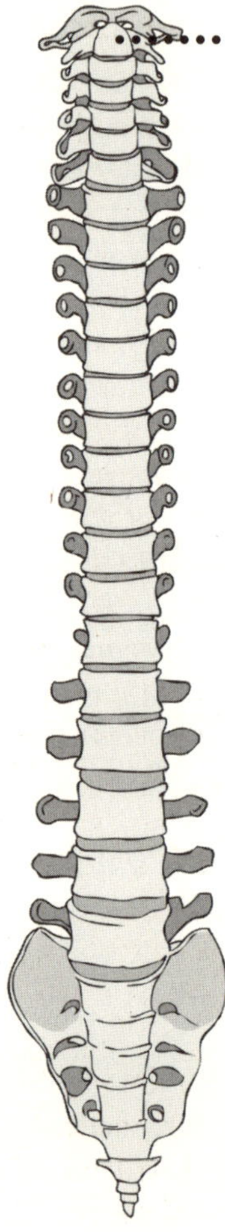

Stirn-Chakra:
Ich gebe meine
Einsichten weiter.

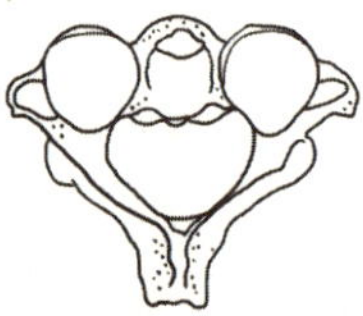

5. Pada:
Ich bin Teil der Tradition.

Verbunden mit:
meinen Nebenhöhlen,
meinem Augennerv,
meinem Hörnerv,
meinen Kiefern,
meinen Augen,
meiner Zunge.

Affirmation:
Ich bin ein Seher.

Die Reise durch Wirbel 25: »Ich bin Teil der Goldenen Kette«

Um ein Meister zu sein:

Gib deinem Schüler Erfahrung, keine Philosophie.

Diene ihm und hebe sein Bewusstsein.

Sei ein Beispiel, mit einem strahlenden Lächeln durch Krisen hindurchzugehen.

Versuche nicht, der Welt zu gefallen.

Habe ein weites Herz.

Verrichte deine Pflichten mit Anmut, Würde und Mitgefühl.

Sprich aus dem neutralen Geist.

Diene allen und alle werden dir dienen.

Um Schüler eines Meisters zu sein:

Sieh in ihm nicht den Vater, den du nie hattest. Das wird scheitern, die Rolle kann er nicht lange spielen.

Versuche nicht, sein Freund zu sein, dann kann er seine Arbeit nicht tun.

Sei nicht skeptisch ihm gegenüber, sonst könnte es lange dauern, bis er dich unterrichten kann.

Strebe keine emotionale Beziehung zu ihm an, außer der universellen Liebe, die stets vorhanden ist, oder du wirst enttäuscht werden.

Bewunderst du ihn? Ja, das ist ein Anfang, aber wie lange kannst du das durchhalten?

Behandle deinen Lehrer einfach mit Respekt, dann wird er fair mit dir umgehen.

Vergiss allerdings nicht: Er will das Beste für dich, nicht das Bequemste.

Erfahrungsbericht 2016: Master

»Jeder Schüler muss seinen Lehrer erobern. Nicht sexuell, sinnlich oder durch Weisheit, sondern durch die Entwicklung seines höchsten Selbst und sein inneres Licht. Du sollst deinen Lehrer erobern. Denn du bist das Morgen, der Lehrer ist das Heute …«

Yogi Bhajan

Unter dem alten, riesigen Mammutbaum mit seinen weit ausladenden Ästen haben sich einige meiner Schüler versammelt und lauschen einem schmächtigen Punjabi-Sikh mit langem dünnen Bart, ebenfalls ein Schüler. Ich setze mich kurz dazu und höre zu, während er auf seinem Flipchart Gurmukhi-Buchstaben[35] zeichnet und ihre Wirkung auf die Chakras erklärt. Ich erfreue mich dabei an seiner schönen Ausstrahlung.

Eine halbe Stunde später bin ich wieder auf dem Weg zu meinem Zimmer im Château Anand, wo meine Frau und ich einen Monat lang wohnen und unterrichten. Hinter mir höre ich: »Master, Master!« Es ist der Sikh, der eben noch unter dem Baum gelehrt hat. Er rennt die 20 Schritte, die uns voneinander trennen, und nimmt mir meinen kleinen, leichten Rucksack ab und trägt ihn dann für mich die letzten fünf Schritte zum Zimmer.

So alt bin ich nun auch wieder nicht!

Ich bin nicht sehr gut in diesem Spiel. Schon öfter wurde ich gebeten, spiritueller Lehrer zu sein, und ich habe einige sehr starke Schüler und freue mich auch darüber. Aber manchmal bin ich mit solchen Bitten ungeschickt umgegangen. Was bedeutet so etwas? Wie sollte sich das entwickeln? Es gibt nicht immer einen klaren Grund, um Ja zu sagen. Ich glaube, ich muss vielleicht tatsächlich erobert werden …

Er hat den Weg zu meinem Herzen auf spielerische Weise gefunden. Das Herumhantieren mit meinem Rucksack, das sich ein paarmal am Tag ergibt, ist natürlich ein Spiel, wenigstens für mich. Das Ergebnis ist es aber nicht.

Es sind zwar keine sieben Jahre Holzhacken und Wassertragen, die er macht, aber trotzdem ergibt sich eine Form der Liebe, die wir hier im Westen fast verlernt haben und die wohl in jedem von uns in einer Art tief unterschwelligem Verlangen existiert.

Kriya: Gruppensolidarität

In einer Gruppe (oder allein und dir dabei eine Gruppe um dich herum vorstellend):
Alle sitzen in einfacher Sitzhaltung und haken sich mit den Armen beieinander ein.
Die Augen sind zu 10 Prozent geöffnet und auf die Nasenspitze gerichtet. Die Konzentration auf die Nasenspitze hilft, deinen Geist ruhig zu stellen.
Atme in 4 Schritten ein:
Drehe deinen Kopf nach links und denke dabei SA, drehe nach rechts und denke TA, wieder nach links und denke

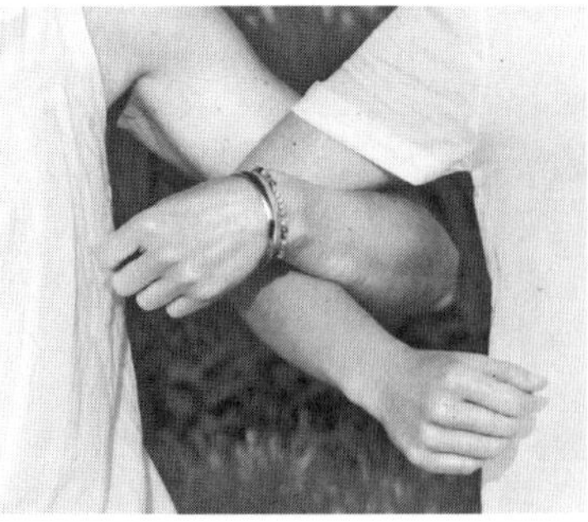

NA, nach rechts und denke MA.
Dann bringe deinen Kopf in die Mitte und chante laut mit allen zusammen:
WAHE GURU WAHE GURU
WAHE WAHE WAHE GURU.
Beginne dann wieder mit der vierstufigen Einatmung und chante.
Zeitdauer: 7 bis 11 Minuten.

Vorbereitungsübungen

Frösche

Wirkt auf Hals und Kopf.

Windmühle

Wirkt auf Durchblutung von Kopf und Gesicht.

Dreieckshaltung

Wirkt auf Schultergelenke und Durchblutung des Gesichts.

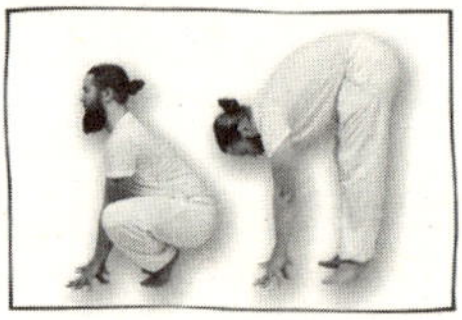

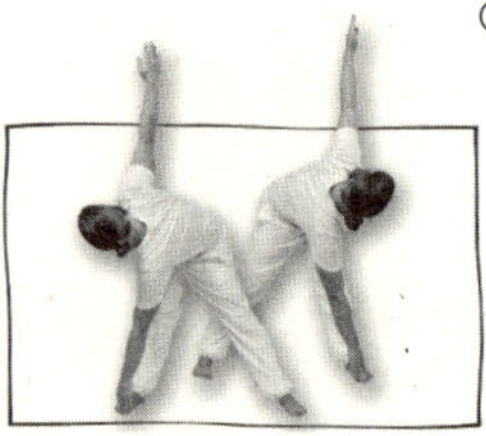

Wirbel 26

Wirbel 26

Kronen-Chakra:
Ich bin eins mit allem.

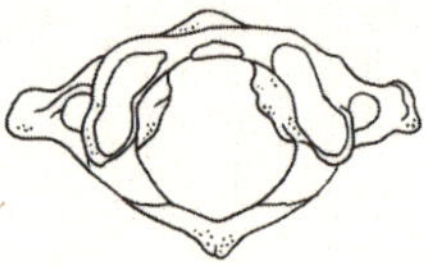

5. Pada:
Mein Leben ist ein Gipfelerlebnis.

Verbunden mit:
meinen Augen,
meiner Zirbeldrüse,
meinem Gehirn,
meinem sympathischen Nervensystem.

Affirmation:
Ich bin erwacht.

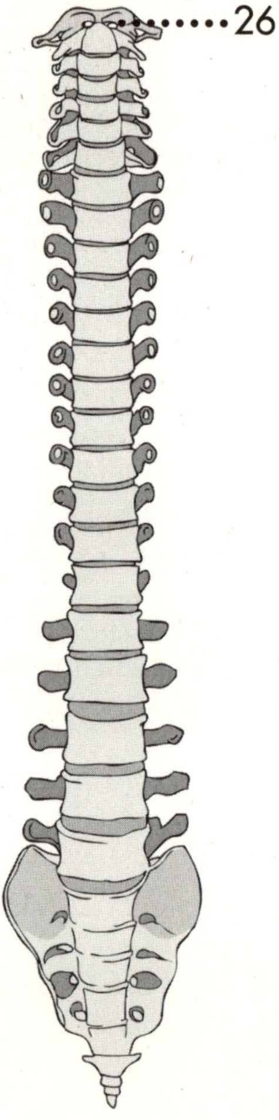

Erfahrungsbericht 2016: Wirbel 26!

»Ob Lob oder Tadel, ob Reichtum oder Armut, ob Gesundheit oder Krankheit, im Leben und im Sterben: Der Wille Gottes ist der Wille des Yogis.«

Yogi Bhajan

Gott schaute mich liebevoll an und sagte: »Ich gebe dir Parkinson.«

Ich fiel aus allen Wolken und klagte: »Wie kannst du mir das antun? Ich habe dir doch immer treu gedient. Gib mir lieber Krebs. Dann ist es wenigstens in ein paar Monaten vorbei. Keine langsame Degeneration über 25 Jahre, bitte …«

»Über deine treuen Dienste können wir gerne noch mal reden«, antwortete Gott. »Allerdings: Krebs habe ich dir schon mal geschickt …«

Das stimmt.

Mein Hautkrebs im Jahr 2000 brachte mich dazu, täglich drei Gläser Karottensaft, drei Gläser Karottensaft mit Apfelsaft und vier Gläser Apfelsaft mit Rotkohlsaft zu trinken.

Ich musste zugeben, dass die damalige Krise mir letztendlich nur Gutes gebracht hat.

»Du wirst schon was finden«, sagte Gott, »du bist doch eine gute Maus? Sorge für ein Schlupfloch …«

Liebe Leserin, lieber Leser, bin ich hier am Punkt der endgültigen Erleuchtung angekommen, dort, wohin ich dich in 26 Schritten führen wollte?

Vielleicht …

Yogis werden wie folgt definiert:

»Ein Yogi bleibt ausgeglichen angesichts der Polaritäten des Lebens.«

Und du weißt,

- dass dein Leben mit dem Tod endet.

- dass der Tod nicht immer plötzlich kommt, sondern oft nach Krankheit und Krise.
- dass die letztendliche Prüfung darin besteht, wie du mit diesen herausfordernden Übergängen umgehst.

Wenn deine Erleuchtung das schafft, ja, dann haben wir unser Ziel erreicht.

Aber es ist noch nicht so weit.

Wir haben noch einen kleinen Weg vor uns …

Sagt doch Yogi Bhajan: »Der Schädel hat auch 26 Knochen!«

Die Ankunft bei Wirbel 26: »Ich bin vollkommen glücklich«

Das Schreiben meiner Erfahrungsberichte hat mir noch einmal bewusst gemacht, wie jeder Schritt meines Lebens durch Nicht-Zufälle unterstützt wurde.

Deshalb bin ich auch nicht bereit, meine momentane Krise als zufälligen Schicksalsschlag zu betrachten. Ich erbitte das Gleiche von dir, liebe Leserin, lieber Leser.

Es gibt andere Perspektiven:

1. Heilung
Ich bin ziemlich überzeugt, dass ich das Schlupfloch gefunden habe: ein Mix aus Yoga und Schulmedizin[36]. Vielleicht bin ich schon wieder vollkommen gesund, wenn du diese Zeilen liest.

2. Glück
Untersuchungen zeigen, dass Menschen mit einer chronischen Krankheit nach einer Übergangsphase genauso glücklich sein können wie vorher.

3. Verantwortung übernehmen
In der Geburtsvision, die jede Seele für sich entwickelt, bevor sie inkarniert, sind solche Krisen wie eine chronische Krankheit mit Zustimmung der Seele eingeplant. Es gibt einfach nichts, das so viel

Entwicklung in so kurzer Zeit bringen kann. Deshalb bin ich auch jetzt nicht bereit, in eine Opferrolle zu gehen.

4. Crazy Wisdom
Der Weise, der sich nichts aus gesellschaftlichen Konventionen macht und sich schüttelnd und total glücklich durch die Gesellschaft kurvt, inspiriert alle (ein bisschen Crazy Wisdom reicht allerdings, okay?).

5. Sat Pad
Wer kommt schon freiwillig aus Sahej Pad, der Komfortzone, heraus? Das Universum schickt dir solche Herausforderungen, um dich beim Übergang zu Sat Pad, der Phase der Wahrheit, zu unterstützen. Willkommen beim krönenden Abschluss der spirituellen Entwicklung!

Kriya: Sodarshan Chakra Kriya

1. In einfacher Haltung: Atme durch dein linkes Nasenloch ein, deinen rechten Nasenflügel mit dem rechten Daumen zudrückend.

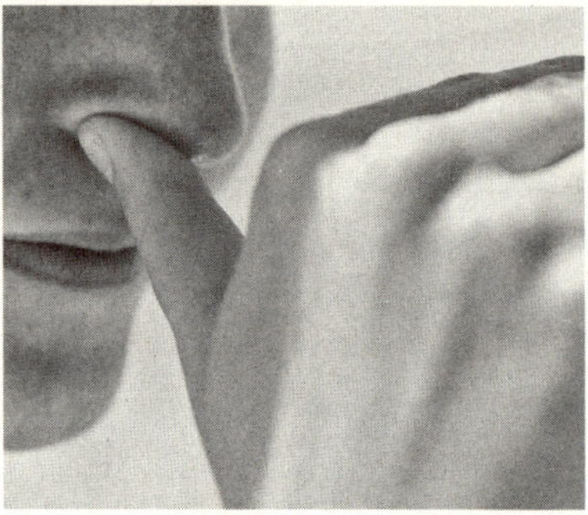

Halte den Atem und ziehe in rhythmischen Bewegungen deinen Nabel ein und lass wieder los. Denke dabei das Mantra:
»Wha« (1-mal einziehen und loslassen),
»He« (noch 1-mal), »Guru« (noch 1-mal)
und wiederhole das insgesamt 16-mal.
Dann atme durch das rechte Nasenloch aus, wobei du den linken Nasenflügel mit dem rechten kleinen Finger zudrückst.
Wiederhole diese Sequenz.
Zeitdauer: 3 bis 31 Minuten.
Zum Beenden der Meditation: Atme ein, halte den Atem kurz, atme aus, hebe dann die Arme und schüttle jeden Teil deines Körpers, um die Energie zu verteilen.
Bei dieser Meditation kann Musik nützlich sein.[37]
Wenn du am Anfang nicht 16 mal 3 = 48 Nabelbewegungen auf einmal Atemeinhalten schaffst, dann mache erst nur die Hälfte, also 8 mal 3 = 24 Nabelbewegungen, bis du dein Zwerchfell / deine Bauchdecke so weit aufgebaut hast, dass du 48 schaffst.

2. Entspanne in Shavasana.
Das geht folgendermaßen: In der Rückenlage, die Hände liegen ungefähr 15 cm neben dem Körper.
Hebe kurz dein Becken ein paar Zentimeter hoch und entspanne es dann wieder. Diese kleine Bewegung erlaubt es, das Becken zu kippen, sodass sich deine Lendenwirbelsäule entspannen kann.
Hebe deinen Kopf leicht an und lege ihn dann mit dem Kinn etwas nach innen wieder auf die Unterlage. Entspanne deine Halsmuskulatur.
Drehe die Handinnenflächen so nach oben, dass die Hände und Finger sich ebenfalls entspannen können.

Beachte in dieser Haltung dein Körpergefühl. Es gibt keine ideale Haltung mit exakt vorgeschriebenem Winkel oder dergleichen. Linke und rechte Körperhälfte können zum Beispiel recht unterschiedlich sein, was die Ausrichtung der Gelenkpfannen und Knochen betrifft. Höre auf deinen Körper.
Entspannung ist die Fähigkeit, sich wohlzufühlen, ohne eine Leistung zu erbringen. Sie ist der Schlüssel zu Genuss, Glück, Fantasie, Liebe und Kreativität. Und zur Erleuchtung …
Lass alles los. Jetzt entspanne.
Zeitdauer: 10 bis 20 Minuten.
Diese Meditation festigt dein inneres Glück und bringt dich in einen Zustand des mühelosen Fließens.

Vorbereitungsübungen

Katze-Kuh

Wirkt auf Hals und Kopf.

Windmühle

Wirkt auf den Kreislauf in Oberkörper und Kopf.

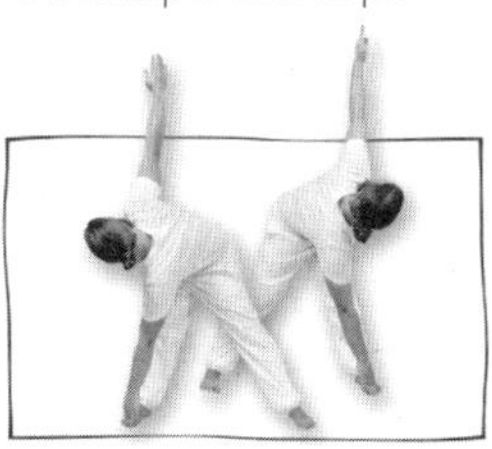

Dreieckshaltung

Wirkt auf Schultergelenke und Gesichtsdurchblutung.

Prüfung

Am Ende dieses Buches gibt es eine kleine Prüfung.

Bitte lies die folgenden Sätze laut vor[38]:

Ich fange an.
Ich habe Kraft.
Ich bin auf einem guten Weg.
Ich habe Geduld.
Ich übe und spüre.
Ich bleibe dran.
Ich ruhe in meiner Mitte.
Ich übernehme Verantwortung.
Ich habe gute Weggefährten.
Ich empfinde selbstlose Liebe.
Ich liebe Kinder.
Ich schütze mein Herz.
Ich bleibe auf dem Weg.
Ich liebe belebendes Essen.
Ich bin Teil des neuen Zeitalters.
Gott und ich sind eins.
Ich kommuniziere bewusst.
Meine Seele ist unsterblich.
Ich kann loslassen.
Ich spreche mit meiner Seele.
Ich erschaffe mein Universum.
Ich segne mich selbst.
Ich mag es, alt zu werden.
Ich kenne mein Karma.
Ich bin Teil der Goldenen Kette.
Ich bin vollkommen glücklich.

Nachdem du diese Affirmationen[39] vorgelesen oder angehört hast, bleibe eine Minute lang mit geschlossenen Augen still sitzen. Überlege intuitiv, wie viel Prozent der Aussagen auf dieser Liste du als wahr empfindest.

90 bis 100 Prozent: sehr gut. Verschenke das Buch an jemand, der es dringender braucht.

80 bis 90 Prozent: gut. Gehe die einzelnen Affirmationen ein weiteres Mal durch und prüfe, welche davon noch mehr Aufmerksamkeit brauchen und erstelle einen Übungsplan.

Weniger als 80 Prozent: Mache noch mal eine Runde mit dem Buch. Vielleicht gibst du diesmal den einzelnen Entwicklungsschritten etwas mehr Raum und Zeit. Bleibe dran!

Die Pforte

Du verlässt den Weg der 26 Wirbel nie wirklich.
Bist du einmal auf dem Weg,
wirst du immer auf dem Weg bleiben.
Der Weg ist in deinem Herzen.

Trotzdem ist es eine schöne Geste,
wenn du deine Übungen gemacht hast,
die Sitzung abzuschließen.
Würdige diesen Schritt auf dem Weg
und damit dich selbst, weil du ihn gemacht hast.

Dann bringe die Hände wieder zusammen
vor deiner Brustmitte und singe:

DIE SONNE ERLEUCHTE MICH IMMER,
DIE LIEBE MEIN BEGLEITER SEI,
UND DAS REINE LICHT IM HERZEN
SEI STETS BEI MIR.

SAT NAM

Dank

»Dankbarkeit ist eine wichtige Energiequelle.«
Mein Dank gilt an allererster Stelle meinem Lehrer Yogi Bhajan, dem Meister des Kundalini Yoga. Er ist die Quelle für die meisten Zitate sowie in vielen Geschichten sehr präsent und Vermittler aller Übungsreihen und Übungen in diesem Buch. Es gibt keinen Dank, der hier groß genug wäre.

Ich danke Simran Kaur Wester, meiner Frau. Ohne deine Unterstützung in meinem Leben wäre dieses Buch nicht über Wirbel 9 hinausgekommen.

Danke, Satnam Kaur und Hargobind Singh, unseren Kindern, den tollen Yoga-Models in diesem Buch, für eure problemlose und kompetente Unterstützung. Und danke, Juan, mein Schwiegersohn, für deine Kompetenz mit den Videos.

Danke, Meherpal Kaur Brammen, für deine Ideen für die Seelenreise-Community.

Danke, Nina Stiller. Nachdem du mit deinen Fotos schon meine Webseite gerettet hast, tragen sie auch in diesem Buch viel zur Qualität bei.

Danke, Karin Schanzenbach, für deine Korrekturen und Vorschläge, die dieses Buch so sehr verbessert haben.

Danke, Taj Inderprem Kaur, für die Leitung der beiden Fotoshootings und alles, was du sonst noch zu meiner Unterstützung machst.

Danke, Anja Escherich, für die großartigen Zeichnungen und dein Mitdenken.

Ram Ravi Kaur: für deine Tipps zur Vereinfachung.

Bhajan Kaur: für deine Ehrlichkeit, die mich angespornt hat.

Atma Jot Kaur: für deine aufbauende, unterstützende Perspektive.

Danke, Hari Jiwan Singh, New Mexico, für die Liste von Punkten für den Umgang mit einem Meister.

Danke, Dharma Singh, dass du mich damals in dein Bestattungsinstitut eingeladen hast.

Danke, Angela Schoeneck, dass du immer wieder auftauchst und hilfst.

Und ein großes Dankeschön an dich, liebe Leserin, lieber Leser, dass du mir und diesem großen Projekt der Seelenreise dein Vertrauen geschenkt hast … Ich freue mich, dir auf **www.seelenreise.blog** zu begegnen!

Anhang

Anmerkungen

1 Ich habe in dieser Einführung ins Kundalini Yoga als Seelenreise versucht, auf Begriffe wie Brahman, Atma usw. zu verzichten, um sie so allgemein verständlich wie möglich zu halten. Die 26 Eigenschaften kommen aus der Samkhya- und Yoga-Philosophie.

2 Karma ist die Konfrontation mit den Folgen deiner Taten. Alles, was du machst, wird dir gespiegelt. Jede egoistische Handlung, die du jemandem antust, wird dir ebenso oft angetan werden, bis du die Konsequenzen deiner Tat verstanden hast und loslassen kannst.

3 Äther ist das Element, in dem sich die Gedanken und Träume bewegen.

4 Da die fünf Wirbel, die das Kreuzbein bilden, ebenso wie die Wirbelrudimente des Steißbeins miteinander verwachsen (verschmolzen) sind, spricht man auch oft davon, dass die Wirbelsäule aus 24 freien (präsakralen) Wirbeln (Hals-, Brust- und Lendenwirbelsäule) sowie dem Kreuzbein und dem Steißbein besteht. Quelle: https://de. wikipedia.org›wiki›Wirbelsäule

5 Quelle:http://themindunleashed.com/2015/07/living-like-the-tortoise-doubling-your-life-span-with-one-simple-breathing-technique.html

6 Quelle: http://www.psychopomps.org/what-is-a-psychopomp.html

7 Eine Kurta ist ein langes Shirt, das bis zu den Knien reicht. Sie gehört zu der empfohlenen spirituellen Kleidung in der Tradition des Kundalini Yoga und eignet sich auch ausgezeichnet, um Yoga darin zu machen.

8 Ausnahmsweise erfolgt dieser lange, tiefe Atem durch den Mund.

9 Ein Aschram ist eine Art spirituelle Wohngemeinschaft, in der Menschen zusammenleben und mithilfe von Yoga und anderen Übungsarten an sich arbeiten.

10 Einfache Haltung ist jede Haltung mit gekreuzten Beinen, die dir bequem ist (eventuell mit einem Kissen unter deinem Po oder auf einem Stuhl mit gerader Rückenlehne).

11 Gurdwara (»Tür des Gurus«) ist das Wort für einen Sikh-Tempel (manchmal, so wie im Aschram, nur eine Veranstaltung in einem Raum, der für die Gelegenheit entsprechend eingerichtet wird), in dem der Siri Guru Granth Sahib, das heilige Buch mit Mantras der Sikhs, gelesen wird.

12 Siehe für das europäische Yoga-Festival www.yogafestival.org.

13 Weißes Tantra-Yoga ist ein nicht sexuelles Partner-Yoga, bei dem sich Männer und Frauen in Reihen einander gegenübersitzen mit Augen- und Handkontakt. Durch die Übungen und Mantras, die nur durch Yogi Bhajan oder seine direkten Vertreterinnen angeleitet werden können, entsteht eine sehr tiefe Konzentration, die eine bleibende heilende Wirkung auf unbewusste Verletzungen in der Psyche ausübt.

14 Auch nach dem Tod von Yogi Bhajan ist es noch immer möglich, sich in seiner Tradition einen spirituellen Namen geben zu lassen. Den Namen kannst du beispielsweise benutzen, um darauf zu meditieren, oder du kannst die Menschen in deiner Umgebung darum bitten, dich so zu nennen. Der Name wird mithilfe einer numerologischen Berechnung aufgrund deines Geburtsdatums erstellt und hat das Ziel, dir zu helfen, deine Bestimmung in diesem Leben zu erreichen. Um einen Namen zu erfragen, siehe www.3ho.org.

15 Um Tratakam auf das Bild von Yogi Bhajan zu machen, empfehlen wir, ein etwas größeres Exemplar zu besorgen, zum Beispiel bei www.satnam.eu.

16 Quelle: »A Separate Reality«.

17 Das Friedens-Mantra des Kundalini Yoga ist:

SAT NARAYAN WAHE GURU	Wahrer Frieden erhebt mich.
HARI NARAYAN SAT NAM	Frieden zu erschaffen, dafür stehe ich.

18 Das Mantra, das deinen Partner darin unterstützt, mit seinen Problemen fertigzuwerden, heißt SO PURAKH, siehe www.seelenreise.blog Seite 9.

19 In einfacher Haltung. Täglich. Zeitdauer: 11 bis 31 Minuten. Das Mantra lautet:
ADI SHAKTI (3-mal) NAMO NAMO
(Ich begrüße die Schöpfungskraft des Anfangs)
SARAB SHAKTI (3-mal) NAMO NAMO
(Ich begrüße die ewige Schöpfungskraft)
PRITAM BHAGWATI (3-mal) NAMO NAMO
(Ich begrüße die Göttin der Liebe)
KUNDALINI MATA SHAKTI MATA SHAKTI NAMO NAMO
(Ich begrüße Kundalini, die Mutter-Schöpfungskraft)

20 Das Mantra lautet:
GOBINDE (unterstützend)
MUKANDE (befreiend)
UDHARE (Licht bringend)
APARE (unendlich)
HARIANG (zerstörend)
KARIANG (schöpfend)

NIRNAME (namenlos)
AKAME (wunschlos)

21 Die Person, die eine Mutter 40 Tage nach der Geburt unterstützt, wird Doula genannt.

22 Inzwischen haben wir ein eigenes Internat von viel besserer Qualität, die Miri Piri Academy, wo ungefähr 100 Kinder von Yoga-Eltern zur Schule gehen. Die Schüler, meistens zwischen 12 und 18 Jahre alt, machen viel Yoga und Sport, werden in normalen Fächern wie unter anderen Mathe, Physik, Englisch unterrichtet und absolvieren eine Yoga-Lehrer-Ausbildung. Die Schule ist offen für alle Interessierten, auch diejenigen, die nur ein Auslandsjahr machen möchten. Für mehr Informationen siehe: www.miripiriacademy.org.

23 Seva bedeutet »selbstloses Dienen«.

24 Konzentration auf die Nasenspitze kommt oft bei Kundalini-Yoga-Übungen vor. Diese wird Agiaa Chakra Band genannt, was übersetzt bedeutet »das 6. Chakra binden«. Die Augen sind lediglich zu 10 Prozent geöffnet, so wenig, dass kaum Licht in die Augen fällt. Die Nasenspitze ist nur als dunkle Stelle in der Mitte zu sehen, das ist gerade genug, um die Aufmerksamkeit darauf richten zu können und mit den Augen leicht nach innen zu schielen. Diese Augenhaltung sorgt dafür, dass die Gedanken so wenig wie möglich wandern.

25 Flüsternd bedeutet mehr als nur leise. Flüsternd bedeutet »sprechen« ohne Stimmbänder. Es ist die Sprache der Liebenden; sie spricht zum Herzen.

26 Wenn du Goldene Milch wegen Knie- oder Rückenproblemen trinkst, dann 40 Tage lang 3 Gläser am Tag.

27 Ghee ist geklärte Butter.

28 Aus: »The Aquarian Teacher«.

29 Die »Odyssee« ist ein altes griechisches Epos, in dem der Held Odysseus, nachdem er im Krieg gekämpft hat, mühsam und erst nach vielen Abenteuern den Weg nach Hause findet. Die Geschichte ist sehr ergiebig als spirituelle Allegorie einer Pilgerreise.

30 Akal singen. Zeitdauer: 17 Tage lang 11 bis 31 Minuten täglich.
Wenn möglich mit einer Gruppe von Freunden und Verwandten des Verstorbenen, ansonsten kannst du auch allein singen.

31 Shabds sind etwas längere Sikh-Mantras.

32 Das Wort Rishi bedeutet Seher, Dichter, Weiser.

33 3HO steht für »Healthy, Happy, Holy Organization«. Das ist der Name, den Yogi Bhajan dem Verein gegeben hat, in dem alle seine Schüler Mitglied werden sollten. 3HO organisiert die großen Festivals von Kundalini Yoga weltweit.

34 Leela steht für das Spiel Gottes mit der Welt und dem Menschen. Der Künstler Harish Johari hat ein altes indisches Spielbrett entdeckt, bei dem es darum geht, sich durch alle Entwicklungsschritte des Menschen hindurchzuwürfeln. Ähnlich dem »Schlangen- und Leiterspiel« gibt es Gefahren und Chancen, beispielsweise von einer Schlange gebissen und dadurch zurückgeworfen oder durch einen Pfeil nach vorne katapultiert zu werden.

35 Gurmukhi (»Mund des Gurus«) ist das Alphabet, in dem die meisten Mantras des Kundalini Yoga geschrieben sind.

36 Großartige Website über Parkinson: https://www.fight-parkinsons.org oder gib einfach die Suchbegriffe Colin Potter und Parkinson in Google ein.

37 Beispielsweise »Music for Sodarshan Chakra Kriya« von Guru Charan Singh und Guru Sangat Singh.

38 Noch besser, als sich die Sätze vorzulesen, ist es, sie mit dem Smartphone oder einem anderen Aufnahmegerät aufzuzeichnen und sie dann täglich anzuhören. Du kannst sie auch finden unter www.seelenreise.blog Seite 26.

39 Affirmationen sind kurze, positiv formulierte Sätze, die sich bei Wiederholung im Unterbewussten einprägen und es dadurch positiv programmieren.

Quellen der Kriyas und Zeiten für Fortgeschrittene

1. YOGA-REBIRTHING – Ursprünglicher Titel: »Conscious Rebirthing«. Vortrag: Yogi Bhajan, 29. Januar 1986. Aus: Self Experience, Española 2000, S. 4. Ursprünglich angegebene Zeiten:
   1. Einfache Haltung, Atem durch den Mund. 7 Minuten.
   2. Baby-Haltung: Erfahre den Moment deiner Geburt. 4,5 Minuten.

3. Baby-Haltung: Drücke den Nabel ein und aus. 1 Minute.
4. In einfacher Haltung: Singe. 8,5 Minuten.

2. ENERGIE UND ENTSPANNUNG – Ursprünglicher Titel: »Energy & Relaxation for Nerves«. Vortrag: Yogi Bhajan, 12. Oktober 1969. Aus: Introduction to Kundalini Yoga, Yogi Bhajan, Guru Rattan Kaur Ph. D., Ann Marie Maxwell, 1989, S. 69.
Ursprünglich angegebene Zeiten:
1. Einfache Haltung: Mulbandh bei eingehaltenem Atem 1 Minute; dann strecke die Beine.
2. Einfache Haltung: Mulbandh bei ausgehaltenem Atem 1 Minute; dann strecke die Beine.
3. Meditiere und lass los.

3. DER WEG DES HERZENS – Ursprünglicher Titel: »Meditation for Projection and Protection from the Heart«. Vortrag: Yogi Bhajan, Februar 1975. Aus: The Aquarian Teacher, Level 1, Yoga Manual. Española 2003, S. 437.
Ursprünglich angegebene Zeit: 11 bis 31 Minuten.

4. FÜR GLEICHGEWICHT – Ursprünglicher Titel: »Kriya to Create Balance«. Vortrag: Yogi Bhajan, September 1981. Aus: Man to Man, Santa Cruz 2008, S. 128.
Ursprünglich angegebene Zeit: einige Minuten.

5. HIRNANHANGSDRÜSE UND WAHRNEHMUNG – Ursprünglicher Titel: »Pituitary Gland Set 1«. Vortrag: Yogi Bhajan. Aus: Sexuality and Spirituality, 1989, Guru Rattana Ph. D., S. 49.
Ursprünglich angegebene Zeiten:
1. Im Stand, die Arme diagonal hochgestreckt. 3 bis 5 Minuten.
2. Adler-Position. 3 bis 5 Minuten, dann wechsele die Seiten, erneut 3 bis 5 Minuten.

6. TRATAKAM-PROZESS – Ursprünglicher Titel: »Tratakum (Gazing) Meditation«. Aus: The Aquarian Teacher, Level 1, Textbook, Española 2003, S. 141.
Ursprünglich angegebene Zeit: 11 bis 31 Minuten.

7. KAMPFGEIST – Ursprünglicher Titel: »Exercise for fighting spirit«. Vortrag: Yogi Bhajan, 21. Juli 1977. Aus: Survival Kit, Los Angeles 1980, S. 54.
Keine Zeit angegeben.

8. FÄUSTE DER WUT – Ursprünglicher Titel: »Meditation: Fists of Anger«. Vortrag: Yogi Bhajan, Sommer 1979. Aus: The Body Temple, Ramdesh Kaur, Santa Cruz 2016, S. 188.
Ursprünglich angegebene Zeit: 3 Minuten.

9. GÖTTLICHER PARTNER – Ursprünglicher Titel: »Becoming Divine«.

Vortrag: Yogi Bhajan, ca. 1985. Aus: Man to Man, Santa Cruz 2008, S. 287. Ursprünglich angegebene Zeit: 31 Minuten.

10. DER WUNDERBOGEN – Ursprünglicher Titel: Wunderbogen. Vortrag: Yogi Bhajan, 21. Juli 1977. Aus: Survival Kit, Los Angeles 1980, S. 53.
    Ursprünglich angegebene Zeiten:
    1. Im Stand nach hinten beugend: 2 Minuten.
    2. Im Stand nach vorne beugend: 2 Minuten.
11. FÜR GRUPPENBEWUSSTSEIN – Ursprünglicher Titel: »Meditation to know the field«. Vortrag: Yogi Bhajan, 1973. Aus: The Aquarian Teacher, Level 1, Yoga Manual, S. 400.
    Ursprünglich angegebene Zeiten:
    1. Zyklus – Entspannung der Wirbelsäule in einfacher Haltung: 11 Minuten.
    2. Zyklus: Wiederholung: 11 Minuten.
12. BOGENSCHÜTZE – Ursprünglicher Titel: Archer Pose. Aus: eigene Notizen des Autors.
    Ursprünglich angegebene Zeiten:
    31 Minuten zur einen Seite,
    dann 31 Minuten zur anderen Seite.
13. DEINE WAHRE IDENTITÄT – Ursprünglicher Titel: »You are a spiritual being with unlimited potential«. Aus: Success and the Spirit, Española 2011, Sikh Dharma International, S. 228.
    Ursprünglich angegebene Zeit: 11 bis 21 Minuten.
14. GEGEN ZWANGHAFTES ESSEN – Ursprünglicher Titel:
    Meditation »Pranayam to Restrain Compulsive Eating« – Vortrag: Yogi Bhajan, Sommer 1979. Aus: The Body Temple, Ramdesh Kaur, Santa Cruz 2016, S. 185.
    Ursprünglich angegebene Zeit: 31 Minuten.
15. DIE HYPNOTISCHE TRANCE DES FISCHE-ZEITALTERS DURCHBRECHEN – Ursprünglicher Titel: »Breaking the Piscean Hypnotic Trance«. Aus: KRI International Teacher Training Manual, Level 2, Mind and Meditation Study Guide, S. 17.
    Ursprünglich angegebene Zeiten:
    1. Volle Aufmerksamkeit: 6 Minuten.
    2. Schau auf die Nasenspitze: 3 Minuten.
    3. Chante »Thou«: 4 Minuten.
    4. Mit den Händen im Schoß: 6 Minuten.
16. SITZENDE VERNEIGUNGEN – Ursprünglicher Titel: »Bowing Jaap Sahib (Gurubani of Guru Gobind Singh)«. Aus: The Yogi Bhajan Library of

Teachings, www.libraryofteachings.com.
Ursprünglich angegebene Zeit: 36 Minuten.

17. INTUITIVES SPRECHEN – Ursprünglicher Titel: »Meditation for Intuitive Speaking and Applied Consciousness«. Vortrag: Yogi Bhajan, 20. März 1995. Aus: KRI International Teacher Training Manual, Level 2, Conscious Communication, S. 52.
Ursprünglich angegebene Zeiten:
1. Laut chanten: 3 Minuten.
2. Flüsternd: 4 Minuten.
3. Innerlich chanten: 6 Minuten.
4. Strecke die Arme hoch: 90 Sekunden.
18. DEN LEBENS-OZEAN ÜBERQUEREN – Ursprünglicher Titel: »Strengthening Intuitive Projection«. Vortrag: Yogi Bhajan, 13. November 1985. Aus: Self Experience, Yogi Bhajan, Los Angeles 2000, S. 45.
Ursprünglich angegebene Zeiten:
1. Schwimmbewegung: 11,5 Minuten.
2. Baby-Haltung: 7 Minuten.
19. DIE VERARBEITUNG UNTERBEWUSSTER INHALTE – Ursprünglicher Titel: »Thyroid Kriya«. Yogi Bhajan. Aus: Sexuality and Spirituality, Guru Rattana Ph. D., S. 78.
Ursprünglich angegebene Zeiten:
1. Kuh-Haltung: 7 Minuten.
2. Baby-Haltung: 4 bis 5 Minuten.
20. BETEN LERNEN – Ursprünglicher Titel: »Meditation to Teach You to Pray«. Vortrag: Yogi Bhajan, 29. März 1996. Aus: KRI International Teacher Training Manual, Level 2: Conscious Communication, S. 191.
Ursprünglich angegebene Zeit: 11 bis 31 Minuten.
21. DER KOSMISCHE TEDDYBÄR – Ursprünglicher Titel: »The Cosmic Teddy Bear«. Aus: Relax and Renew, Yogi Bhajan, Guru Rattan Kaur Khalsa, S. 112.
Keine Zeit angegeben.
22. SICH SELBST SEGNEN – Ursprünglicher Titel: »Meditation for Self-Blessing«. Vortrag: Yogi Bhajan, 3. August 2000, Woman-In-Training, New Mexico.
Ursprünglich angegebene Zeit: 3 Minuten.
23. JUNG BLEIBEN – Ursprünglicher Titel: »To stay young«. Yogi Bhajan, aus: Guru Rattan Kaur Khalsa.
Ursprünglich angegebene Zeit: 1 bis 3 Minuten.

24. KARMA REINIGUNG – Ursprünglicher Titel: »Meditation for the arcline and to clear the Karmas«. Vortrag: Yogi Bhajan, 1. August 1996. Aus: www.3ho.org.
    Ursprünglich angegebene Zeit: 3 bis 31 Minuten.
25. GRUPPENSOLIDARITÄT – Ursprünglicher Titel: »Group Solidarity«. Aus: KRI International Teacher Training Manual, Level 2: Vitality and Stress, S. 220.
    Ursprünglich angegebene Zeit: 11 Minuten.
26. SODARSHAN CHAKRA KRIYA – Ursprünglicher Titel: »Sodarshan Chakra Kriya«. Aus: The Aquarian Teacher, KRI Level 1, Yoga Manual, S. 450.
    Ursprünglich angegebene Zeit: 11 bis 31 Minuten.

Vorbereitungsübungen

WINDMÜHLE – Ursprünglicher Titel: Windmühle – Aus: Persönliche Notizen des Autors.
Keine Zeit angegeben.

TANTRIK-SUDRA-SIDDHI – Ursprünglicher Titel: »Tantric Sudra Siddhi«. Aus: Yogi Bhajan, Guru Rattan Kaur, Ann Marie Maxwell: Sexuality and Spirituality, S. 62.
Ursprünglich angegebene Zeit: 5 Minuten, dann Seitenwechsel. Dann 5 Minuten in Shavasana.
Diese Sequenz kann viermal in einer Stunde gemacht werden.

KATZE-KUH – Ursprünglicher Titel: Katze-Kuh. Aus: Persönliche Notizen des Autors.
Keine Zeit angegeben.

BECKEN-HÜPFEN – Ursprünglicher Titel: Becken-Hüpfen. Aus: Persönliche Notizen des Autors.
Keine Zeit angegeben.

HEUSCHRECKE – Ursprünglicher Titel: Heuschrecke. Aus: Persönliche Notizen des Autors.
Keine Zeit angegeben.

BEINHEBEN – Ursprünglicher Titel: Beinheben. Aus: Persönliche Notizen des Autors.
Keine Zeit angegeben.

KRÄHE – Ursprünglicher Titel: »Crow Pose« – Aus: Yogi Bhajan, Guru Rattan Kaur, Ann Marie Maxwell: Sexuality and Spirituality, S. 63.
Keine Zeit angegeben.

FRÖSCHE – Ursprünglicher Titel: Frösche. Aus: Persönliche Notizen des Autors. Keine Zeit angegeben.

DREIECKSHALTUNG – Ursprünglicher Titel: Dreieckshaltung. Aus: Persönliche Notizen des Autors.
Keine Zeit angegeben.

WINKEL-RUDERN – Ursprünglicherr Titel: »Angle Rowing«. Aus: Yogi Bhajan, Guru Rattan Kaur, Ann Marie Maxwell: Sexuality and Spirituality, S. 65. Keine Zeit angegeben.

Literatur

Gurudarshan Kaur: Energy Map. A Journey Through the Chakras. La Crescenta 1991.

Gurudarshan Kaur: Expanding Intuition. La Crescenta 1993.

Khalsa, Atma Singh; Guruprem Kaur Khalsa: A Year with the Master. Española 2001.

Kundalini Yoga Systems (Hg.): Kundalini Yoga Exercises and Healing on Teaching Cards. Paris, Amsterdam 1982.

Kundalini Yoga Systems (Hg.): Kundalini Yoga Sacred Kriyas and Meditations on Teaching Cards. Paris, Amsterdam 1982.

Mukta Kaur: Meditations for addictive behavior. Minneapolis 2008.

Satya Singh: Das Kundalini YOGA Handbuch für die Gesundheit von Körper, Geist und Seele. München 1990.

Satya Singh: Der Reif. Güllesheim 2000.

Satya Singh; Hageneder, Fred: Baum Yoga. Saarbrücken 2006.

Satya Singh: Das Yoga-Buch vom Leben und vom Sterben. München 2014.

Yogi Bhajan: Fountain of Youth. Española o. J.

Yogi Bhajan: The Man called the Siri Singh Sahib. Española 1979.

Yogi Bhajan: Kundalini Meditation Manual for Intermediate Students. Pomona 1975.

Yogi Bhajan: Kundalini Yoga Manual – Student Manual. Española 1976.

Yogi Bhajan: Sadhana Guidelines. Española 1976.

Yogi Bhajan: Keeping up with Kundalini Yoga. Española 1980.

Yogi Bhajan: Survival Kit: Meditations and Exercises for Stress and Pressure of the Times. Española 1980.

Yogi Bhajan Ph. D.: Kundalini Yoga for Youth and Joy. Española 1983.

Yogi Bhajan: Yoga for the 80's. Pomona 1984.

Yogi Bhajan: The Inner Workout Manual. Española 1989.

Yogi Bhajan: Owners Manual for the Human Body. Española 1993.
Yogi Bhajan: Physical Wisdom. Española 1994.
Yogi Bhajan: Self Knowledge. Española 1995.
Yogi Bhajan: Self Experience. Española 2000.
Yogi Bhajan: Reaching Me in Me. Española 2002.
Yogi Bhajan: The Aquarian Teacher. Española 2003.
Yogi Bhajan: Infinity and Me. Española 2004.
Yogi Bhajan: Praana, Praanee, Praanayam. Española 2006 (posthum veröffentlicht).

Adressen

KOSTENLOSE VIDEODATEIEN ZU DEN KRIYAS IN DIESEM BUCH:
www.seelenreise.blog

ONLINE SEELENREISE KRIYAS MIT SATYA SINGH FÜR DEN DEUTSCHSPRACHIGEN RAUM:
www.yogahoheluft.de/de/Kurse/Yoga_Hoheluft_Online.php

Yoga-Zentrum von Satya Singh und Simran Kaur in Hamburg:
www.yogahoheluft.de

Kundalini YogalehrerInnen-Ausbildung: www.3hokyla.de

Lehren Yogi Bhajans: www.libraryofteachings.org

Qualifizierte Kundalini YogalehrerInnen in der Nähe: www.3ho.de

Anfrage für einen spirituellen Namen in der Tradition des Kundalini Yoga:
www.3ho.org

Europäisches Yoga-Festival www.yogafestival.org

Sikh Dharma: www.sikhdharma.org

Musik und Bücher aus der Tradition des Kundalini Yoga: www.satnam.de

Viele Kundalini Yoga-Mantras auf Spotify und YouTube